신비한 지식 백화점

— 경제 —

차례

등장인물 ✦ 6

1 우주당을 구하러 온 고양이 ✦ 11
김 실장의 보고서 경제란? ✦ 30

2 바스테트를 찾아간 우주 ✦ 33
김 실장의 보고서 ESG 경영 ✦ 54

3 물가는 오르는데 손님은 줄다니! ✦ 57
김 실장의 보고서 인플레이션 ✦ 78

우주당, 플랫폼으로 가다 ◆ 81

    김 실장의 보고서   플랫폼 경제와 암호 화폐 ◆ 100

 까미의 소원이 이뤄진 날 ◆ 103

    김 실장의 보고서   기본 소득 ◆ 126

 에필로그 ◆ 130
      작가의 말 ◆ 134

우주당을 구하러 온 고양이

"우주야, 이번 주말에도 바빠?"

학교를 마치고 나오는데 윤서가 말을 걸어왔다. 5학년 첫 짝꿍이 되면서부터 윤서랑 늘 붙어 다녔다.

"어, 그게……. 미안."

내가 난처해하자 윤서가 입을 비쭉였다.

"칫, 바쁘구나."

그때 지호가 우리 둘 사이를 비집고 들어왔다.

"나도 끼워 줘. 너희들 '왕버거' 가지? 그거 먹고, 우리 코인 노래방도 가자!"

몇 주 전만 해도 나는 친구들이랑 우르르 맛집을 찾아 돌아다녔다. 하지만 이제는 이런 제안이 그리 반갑지 않다.

"왕버거 가게, 얼마 전에 문 닫았어."

나는 지호를 돌아보며 말했다. 윤서에게는 당분간 같이 놀러 다닐 수 없다는 말을 하기 어려웠다.

'미안해, 네가 싫어서 그런 게 아니야. 사실 요즘 나 아르바이트해. 그래서 진짜로 놀 시간이 없어.'

물론 부모님이 운영하는 우주당에서 하는 아르바이트니까, 미리 말만 하면 부모님은 친구들이랑 놀다 오라고 말씀하실 거다. 하지만 바쁜 주말에 내가 일을 빠지면 우리 가게에 큰 손해다.

"뭐? 언제? 왕버거 맛있고 가격도 착한데, 도대체 왜 망한 거야?"

"가격이 너무 싸서 그랬겠지, 뭐."

나는 어깨를 으쓱거렸다. 음식이 맛있는 건 좋은 재료를 썼기 때문이다. 좋은 재료는 비싼데, 왕버거 가게 주인아저씨처럼 너무 싸게 팔면 당연히 남는 게 없었을 거다.

지호는 어리둥절한 표정을 짓다가, 이내 코인 노래방이라도 가자며 졸랐다. 하지만 나는 다음에 가자고 간단히 말하고 친구들과 헤어졌다.

집으로 돌아오는 길에 '가게 내놓습니다.'라고 써 붙인 왕버거 가게 앞에서 발길을 멈추었다. 벌써 짐을 다 빼서 가게 안이 휑뎅그렁했다. "맛이 왕이다, 왕버거!" 하면서 웃는 얼굴로 엄지를 치켜올리던 주인아저씨가 생각났다. 아저씨의 과장된 몸짓을 보고 윤서가 살짝 어이없다는 표정을 짓기도 했다.

'가게 이름을 좀 더 잘 지었더라면, 가격을 좀 더 올려 받았다면 안 망했을까?'

잘 모르겠다. 가게를 운영하는 건 정말 어렵다. 요즘 텔레비전에서 경제가 어렵다는 뉴스가 많이 나온다. 그래서인지 우주당을 찾는 손님이 자꾸 줄어든다. 왕버거 가게 일이 정말 남의 일 같지 않았다.

게다가 경쟁 업체까지 생겼다. 길 건너편에 햄버그스테이크를 파는 레스토랑이 두 군데나 더 생긴 것이다. 이런 일만으로도 힘든데, 일주일 전에 정말 생각지도 못한 사건이 터졌다. 누군가 SNS에 우주당 음식에서 쥐 꼬리가 나왔다는 게시글을 올린 것이다.

 늘 위생에 신경 쓰는 우주당에서 머리카락도 아니고 쥐 꼬리라니! 말도 안 되는 소리였다. 너무 놀라 자세히 보니, 사진 속 접시는 우리 가게에서 쓰는 게 아니었다. 누가 이런 터무니없는 소문을 SNS에 퍼트렸을까? 하지만 헛소문은 잠잠해지기는커녕 점점 크게 번져 갔다.

 엄마 아빠가 전혀 사실이 아니라고 안내문을 써 붙이기도 했지만 소용없었다. 가게에 손님은 줄고, 우주당 홈페이지에는 이상한 댓글만 잔뜩 달렸다.

 엄마는 악의적인 소문을 낸 사람을 알아내겠다며 인터넷을 샅샅이 뒤지고 있지만, 아직 범인을 잡지 못했다. 처음에는 이런 말도 안 되는 이상한 소문을 누가 믿겠나 싶었는데, 그 소문이 난 후로 우주당을 찾는 손님이 뚝 끊겨 버렸다.

 "야옹!"

 이런, 까미가 또 찾아왔다! 까미는 우리 집에 밥을 먹으러 오는 길고양이다. 나는 종종 까미에게 밥을 챙겨 주는데, 가끔 아주 맛있는 소고기를 주기도 했다. 까미도 그게 얼마나 비싼 고기인지 아는 듯했다. 고기를 줄 때마다 내 발목에 머리를 비벼

대곤 했으니까.

한 달 전쯤 어느 날, 까미가 "야옹, 야옹!" 하고 울어서 밖에 나가 봤더니, 세상에! 가게 앞에 생쥐를 놓아두고 갔다. 나는 죽은 쥐를 보고 너무 놀라 "으으윽!" 비명을 질렀다. 하지만 엄마는 대수롭지 않다는 듯 말했다.

"고양이도 네가 얼마나 좋은 고기를 주는지 아나 보다. 보답으로 너에게 선물을 주네."

죽은 쥐가 선물이라고? 그런 선물은 절대 받고 싶지 않았다. 하지만 고양이들은 고맙다는 표시로 사냥한 쥐를 놓고 간다는데 어쩌겠나 싶었다. 아빠도 처음에는 까미를 재미있어하며 귀여워했다.

"소고기를 가져가고 쥐 고기를 가져오다니, 어쩐지 우리가 밑지는 거래인데?"

그러면서도 아빠는 거래의 기본은 물물 교환이라며 고양이가 상도덕이 있다고 했다. 하지만 그게 문제였다. SNS에 이상한 소문이 퍼진 다음부터 엄마와 아빠가 괜히 까미를 미워하는 것 같다. "음식을 파는 가게에 쥐라니! 당장 저 고양이 내쫓아 버려!"라고 화를 내실지도 모른다.

나는 얼른 밖으로 뛰어나가 까미를 냉큼 안아 들고 동네 놀이터로 갔다.

"까미야, 당분간 우리 집에 오지 마. 요즘 우리 엄마 아빠가 굉장히 신경이 날카로워. 네 잘못이 아닌 건 알지만……."

놀이터 벤치에 앉아 까미에게 말했다. 그리고 안쓰러운 마음에 몰래 챙겨 온 소고기를 꺼내 주려는데, 까미가 이상한 걸 입에 물고 있었다.

"어, 그게 뭐야? 설마…… 쥐는 절대 안 돼!"

나는 깜짝 놀라 소리쳤다. 그런데 까미가 나에게 툭 던져 준 건 쥐가 아니었다. 이상하게 생긴 막대기였다. 둥근 손잡이가 있는 십자 모양 막대기가 반짝반짝하는 게 정말 멋졌다.

"너, 이거 어디서 났어? 이런 건 먹으면 안 돼."

나는 막대기를 집어 들고 아래위로 흔들었다.

'그걸 먹는 바보가 어디 있겠어.'

갑자기 들려오는 소리에 깜짝 놀라 주변을 돌아보았다. 주위엔 다른 사람이 없는데, 분명 말하는 소리가 들렸다.

놀라서 앙크를 떨어트리니 더 이상 아무 소리가 들리지 않았다. 까미가 한심하다는 눈으로 나를 쳐다보며 또다시 야옹거렸다. 이 상황이 도무지 믿기지 않았지만, 나는 다시금 바닥에 떨어진 앙크를 주워 들었다.

"너…… 지금 나보고 바보라고 했어?"

'쳇, 그걸 들었어?'

들린다. 정말로 까미가 하는 말이 들렸다.

"이걸 왜 나에게 주는 거야?"

혹시 나의 착각은 아닐까 싶어 다시 물었다.

'나는 은혜를 갚을 줄 아는 고양이야. 이번 쥐 꼬리 사건은 내가 그런 건 아니지만, 어쨌든 오해를 샀으니 보상받을 기회를 주는 것뿐이야.'

분명 까미의 말이었다. 앙크라는 막대기를 쥐고 있으면 까미의 말이 들렸다. 나는 너무 놀라 붕어처럼 입만 뻐끔거렸다.

'이 앙크를 갖고 있다고 바스테트에게 연락해 봐.'

까미가 내게 다시 말을 붙였다.

바스테트? 내가 아는 바스테트는 종종 뉴스에 나오는 바스테트 밖에 없었다. 바스테트는 백화점 사장이면서 유능한 경영 컨설턴트다. 돈을 벌고자 하는 사람들은 모두 한 번쯤 바스테트를 만나는 게 꿈이라고 하던데, 설마 그 바스테트에게 연락을 하라는 건가? 내가 계속 답이 없자 까미가 이어서 설명했다.

'그럼 바스테트가 초대장을 보내 줄 거야. 분명히 말하지만 나는 그저 바스테트를 만날 기회를 한 번 주는 것뿐이야. 나머지는 네가 알아서 해. 이번 기회를 잘 이용하면 너희 가게가 위기를 극복하고 성공할지 모르잖아.'

아무리 어려운 문제도 바스테트의 조언대로 하면 다 해결된다고 했다. 그래서 바스테트와 저녁 약속을 잡기 위해 엄청난 상담비를 내고 기다리는 사람이 줄을 섰다고 들었다.

"나더러 그 유명한 바스테트를 만나 상담을 받으라는 거야? 우리 집에 돈이 어디 있어! 바스테트를 만날 돈이 있으면 빌딩을 사겠다."

나도 모르게 까미에게 짜증을 부렸다. 요즘 우주당 매출이 뚝 떨어져서 그런지 부모님이 많이 힘들어하시고 나도 엄청 예민해졌다. 예전에는 친구들이랑 같이 잘 어울려 놀기도 했는데,

용돈을 제대로 받지 못해서 그런지 괜히 주눅이 들었다.

'멍청이! 정식으로 상담을 받는다면 그렇겠지. 하지만 이건 바스테트가 잃어버린 물건이야. 그러니까 이걸 가져다주면서 물어보라는 거지.'

"이게 바스테트가 잃어버린 앙크라고? 앙크는 이집트 왕 파라오의 물건이라면서? 바스테트의 것이라면 가짜는 아닐 테고……. 우아, 바스테트는 파라오의 물건도 가질 수 있을 만큼 부자라는 거구나!"

나는 손에 든 앙크를 빤히 쳐다보았다. 은근히 겁이 났다. 그런데 이런 걸 어떻게 까미가 갖게 되었을까?

"너, 설마 도둑고양이였니? 도둑질은 안 돼!"

내 말에 까미가 털을 빳빳하게 세웠다.

'도둑이라니! 지금 누굴 감히 도둑으로 몰아세워!'

"하지만…… 이 앙크는 굉장히 진귀하고 신기한 물건인 것 같은데, 네가 이걸 어떻게 갖고 있나 싶어서. 오해했다면 미안해."

앙크를 어떻게 얻었냐고 물어도 까미는 대답해 줄 것 같지 않왔다. 그런데 앙크를 갖고 있다가 들키면 경찰에 잡혀가는 거 아닐까, 문득 걱정됐다. 나는 까미를 힐끔힐끔 쳐다봤다. 이런 내 생각을 눈치챘는지 까미가 심드렁하게 말했다.

'너무 걱정 마. 이 앙크도 원래 바스테트의 것은 아니야. 사실 따지고 보면 이건 나의……. 흠흠, 자세한 건 알려고 하지 마!'

까미는 뭔가 이야기를 하려다가 그만두는 눈치였다. 어쨌든 도둑고양이가 아니라고 하니 다행이었다. 그런데 이어지는 까미의 설명은 정말 놀라웠다. 까미의 말에 따르면, 바스테트는 인간인 척하지만, 사실 인간이 아니라 신이라는 거다. 그것도 무려 인간에게 부를 가져다주는 풍요의 신!

신? 그것도 풍요의 신이라고? 진짜일까? 나는 까미를 빤히 쳐다보았다. 하긴 말하는 고양이가 바로 눈앞에 있는데, 풍요의 신도 있을 수 있겠지. 그런데 까미는 절대 이 사실을 아는 척해서도, 입 밖에 내서도 안 된다고 했다.

"그래, 알았어! 절대 아는 척도 하지 않고 누구에게도 말하지 않을게. 맹세해!"

바스테트를 신이라고 떠벌리고 다니는 순간, 그 사람은 가루

가 되어 사라진다면서 까미는 다시 한번 내게 주의를 주었다.

'명심해. 바스테트를 대할 때 원래 네가 알던 대로 백화점 사장 혹은 경영 컨설턴트 정도로 생각해야 해.'

이 비밀을 지키기는 어렵지 않다. 말해 봤자 그걸 누가 믿겠는가? 나도 까미의 말이 사실인지 아닌지 의심이 드는데. 게다가 솔직히 바스테트의 재산과 우리 집 재산을 비교해 보면, 바스테트는 거의 신이나 마찬가지다.

그보다 마음에 걸리는 것은 따로 있었다. 바스테트에게 앙크를 돌려주면 이렇게 까미랑 이야기 나눌 수 없다는 거다.

"그건 싫은데……. 너랑 이렇게 계속 이야기하고 싶어."

'세상에 공짜가 어디 있어. 모든 **선택**에는 대가가 따르기 마

시간과 돈 같은 자원은 한정되어 있으니 원하는 걸 모두 할 수는 없어. 이런 상태를 '희소성'이라고 해. 희소성 때문에 **선택**의 문제가 일어나.

선택을 하면 무언가를 포기하게 되는데, 포기하는 것 중 가장 가치가 큰 것을 **기회비용**이라고 해. 사람마다 가치관과 생각이 다르기 때문에, 같은 선택을 했어도 기회비용은 다를 수 있어.

련이지. 이런 게 **기회비용**이라는 거다.'

"기회비용?"

'그래, 너는 선택을 해야만 해. 바스테트에게 앙크를 돌려주고 상담받을 기회를 얻거나, 아니면 계속 생쥐나 물어 오는 길고양이랑 놀거나.'

까미가 아주 단호하게 말했다.

"바스테트냐, 까미냐 선택하라고? 그야 당연히……."

나는 말을 하려다가 입을 꾹 다물었다. 이건 정말 기회인지도 모른다. 다시 곰곰이 생각한 뒤 까미에게 물었다.

"그러니까 네 말은 바스테트를 선택하면 우주당이 처한 문제를 해결할 수 있다는 거야?"

'그래. 앙크를 갖다주면 바스테트가 고맙다고 사례금을 줄지도 모르잖아. 네 재주껏 돈을 왕창 받아 내 봐.'

까미 말에 혹하기는 했다. 우주당의 경영이 어려워지면서 친구들과 함께 다니던 학원도 끊었다. 게다가 손님이 준 탓에 용돈 대신 받던 아르바이트비도 줄어, 매점도 가지 못하고 있었다. 군것질에 쓰는 돈이 아깝다는 생각이 들어서다.

그러니 만약 바스테트가 돈을 준다면 순간 좋을 것 같기는 했다. 하지만 돈을 줄지 모른다는 건, 안 줄 수도 있다는 거다.

"얼마나 줄까……?"

'그걸 내가 어떻게 알아. 그러니까 네가 재주껏 돈을 왕창 받아 내 보라는 거지.'

"앙크를 갖고 있으면 너랑 평생 이렇게 이야기하면서 놀 수 있는 거야?"

'……'

까미는 나를 물끄러미 바라보았다. 까미의 눈빛에서 나는 답을 읽을 수 있었다.

'그렇진 않아. 나는 자유로운 길고양이야. 지금은 네가 마음에 들어 이곳에 있지만, 난 언제든 떠날 수 있어. 언제 헤어지냐고 묻지 마. 그건 나도 몰라.'

"선택하는 거 너무 어렵다……."

나는 앙크를 꽉 움켜쥐었다. 텅 빈 식당에서 한숨을 푹푹 내쉬는 엄마 아빠 얼굴이 계속 떠올랐다. 쉬는 시간마다 친구들과 어울려 매점으로 달려가는 내 모습도 떠올랐다. 나는 간단히

'까미, 너랑 계속 같이 있고 싶어.'라고 말할 수 없었다.

'그래. 그러니까 무엇이 너에게 **합리적 선택**일지 잘 생각해 봐.'

며칠 동안 생각하고 또 생각했다. 정말 운 좋게 바스테트에게 상담받을 기회가 생겼는데, 날려 버릴 수는 없었다. 나는 내가 가진 기회를 최대한 활용해야겠다고 마음먹었다. 까미를 만나 솔직한 마음을 털어놓자, 까미가 고개를 끄덕였다.

'미안해할 것 없어. 잘 선택한 거야. 솔직히 말해서 네가 바스테트와 만나지 않겠다고 했다면, 조금 실망했을 거야. 나는 경제 머리가 잘 굴러가는 인간을 좋아하거든.'

다음 날, 나는 까미가 알려 주는 전화번호로 앙크를 찍은 사진과 문자 메시지를 보냈다. 까미는 내가 바스테트와 잘 거래할 수 있도록 돕겠다고 했다.

경제학에서 말하는 **합리적 선택**은 가장 적은 비용으로 가장 큰 만족을 얻도록 선택하는 거야. 소비자는 가장 적은 돈으로 가장 마음에 드는 물건을 구매하고, 기업은 가장 적게 투자해 가장 큰 이익을 얻을 수 있는 사업을 벌이지. 이런 선택이 합리적 선택이야.

문자 메시지를 보낸 지 얼마 되지 않아 바로 답장이 왔다.

바스테트에게서 초대장을 받은 것이다!

"까미야, 까미야!"

나는 잔뜩 신이 나서 앙크를 움켜쥐고 밖으로 뛰어나갔다. 엄마가 뒤에서 어딜 가냐고 물었지만 대답할 정신이 없었다. 까미가 자주 나타나곤 했던 담장을 바라보며 다시금 까미의 이름을 불렀다. 그러자 담장 위에서 까미가 어슬렁어슬렁 걸어왔다.

'누누이 말하지만, 나는 네가 그렇게 함부로 불러내도 되는

존재가 아니야!'

"이것 봐, 이거 좀 보라고. 바스테트가 나를 초대한대!"

까미가 내 핸드폰을 힐끗 보더니 퉁명스럽게 말했다.

'내가 반응이 올 거라고 했잖아. 그게 뭐라고 호들갑이야!'

"나, 잘할 수 있을까?"

'잘해야지.'

짧지만 또렷하게 까미가 답했다. 나는 힘차게 고개를 끄덕였다.

경제란?

경제에 대해 알고 싶으신가요? 신비한 지식이 가득한 바스테트 백화점에 잘 오셨습니다. 저는 김 실장이라고 합니다. 앞으로 제가 쓴 보고서를 읽으면서 경제에 대한 새로운 지식을 깨우쳐 보시기 바랍니다.

🔶 경제의 뜻

우리 일상의 거의 모든 일이 경제와 관련 있어요. 친구들과 햄버거를 사 먹거나 학용품을 사는 것, 부모님이 직장에 가고 세금을 내는 일 등이 모두 **경제 활동**입니다. 경제는 생활에 필요한 물건이나 서비스를 생산, 소비, 분배하는 모든 활동을 말합니다. 이런 경제 활동에 스스로의 의지나 판단에 따라 참여하는 개인이나 단체를 **경제 주체**라고 합니다.

경제 활동

- **생산** 생활에 필요한 물건을 만들거나 필요한 일을 제공하는 활동
- **소비** 사람이 바라는 바를 충족하기 위하여 생산한 것을 쓰는 활동
- **분배** 생산한 것을 사회적 법칙에 따라 나누는 활동

경제 주체

- **가계** 가정 살림을 같이하는 생활 공동체. 직접 생산하거나 생산에 필요한 요소를 기업에 제공한 대가로 소득을 얻어 소비 활동을 합니다.
- **기업** 생활에 필요한 물건과 일을 제공하는 생산 활동을 합니다.
- **정부** 세금을 거둬 국가를 운영하고 도로, 수도, 교육 등 공공재를 제공합니다.
- **외국** 다른 나라에서 활동하는 가계, 기업, 정부.

우리 사회 속에서 경제 주체들은 긴밀히 연결되어, 재화와 용역을 서로 주고받으며 경제 활동을 합니다.

- 재화: 책, 음식, 옷, 물처럼 사람이 바라는 바를 충족시켜 주는 물건
- 용역(서비스): 미용, 배달, 공연처럼 사람이 바라는 바를 충족시켜 주는 일

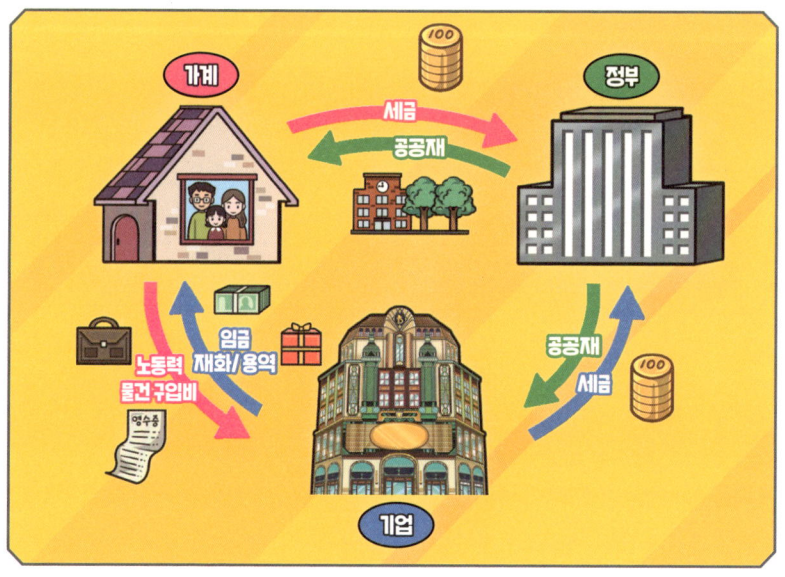

'부'를 만드는 것

부(富)란 경제 주체가 가진 재산 전체를 말합니다. 재산은 생산 수단과 그 생산 수단에서 만들어진 생산물이라고 할 수 있습니다.

- 생산물 : 사람들이 생활하는 데 필요한 각종 물건이나 서비스
- 생산 수단 : 생산물을 만드는 과정에 필요한 자원이나 도구, 시설 등

김 실장의 보고서

예를 들어 우리가 입는 옷은 생산물이고, 이 옷을 만드는 공장은 생산 수단입니다. 마찬가지로 햄버그스테이크는 생산물, 그것을 만드는 레스토랑이나 기계 등은 생산 수단입니다.

오늘날 생산 수단은 더 다양해졌습니다. 창의적인 생각이나 탁월한 예술 활동을 생산 수단 삼아, 드라마나 공연 등 좋은 콘텐츠나 첨단 기술을 만들어 엄청난 부를 이루기도 합니다.

경제를 알아야 하는 이유

● **나를 둘러싼 세상을 이해할 수 있습니다.**
경제는 곧 우리의 일상이기 때문에 인생을 잘 꾸려 나가기 위해 청소, 요리, 수학, 운동 기술을 배우고 익히듯 경제도 잘 알아야 합니다.

● **제한된 용돈을 가장 만족스럽게 쓸 수 있습니다.**
경제는 한정된 자원(예를 들어 용돈)을 효율적으로 관리하는 방법을 알려 줍니다. 같은 돈이어도 경제를 잘 아는 사람은 꼭 필요한 곳에 써서 여유롭고, 경제를 잘 모르는 사람은 계획 없이 쓰거나 잘못된 선택을 해 늘 사정이 어려울 수 있습니다.

● **더 좋은 세상을 만들 수 있습니다.**
이 세상의 한정된 자원을 합리적으로 분배하면, 나 혼자만 잘 먹고 잘사는 게 아니라 모든 사람이 더욱 풍요롭고 평화롭게 살 수 있습니다.

바스테트를 찾아간 우주

다음 날, 학교 수업을 마치고 바스테트 백화점으로 갔다. 백화점 건물은 목을 뒤로 젖혀도 끝이 보이지 않을 만큼 높았다. 황금색 벽돌과 유리창이 햇빛을 받아 번쩍였다.

이곳엔 없는 게 없다고 한다. 갖가지 음식, 옷, 가전제품, 보석을 파는 상점들이 5층까지 꽉 들어차 있고, 6층부터는 여러 회사들의 사무실이 있다. 우리나라의 유명한 기업뿐 아니라 외국 기업들의 한국 사무소도 많다고 한다. 그리고 백화점 꼭대기 층에는 사장실이 있다. 그 유명한 바스테트가 있는 곳이다.

나는 떨리는 마음으로 백화점 건물 앞에 섰다.

"어서 오세요, 고객님. 즐거운 쇼핑하시길 바랍니다."

깔끔하게 옷을 차려입은 백화점 직원들이 인사하며 출입문을 열어 줬다. 커다란 유리문을 한 번 더 밀고 들어가니 1층 로비가 나왔다.

바스테트 백화점 1층 중앙 로비에는 언제나 이벤트 행사가 크게 열린다. 여기서 소비자들에게 반응이 좋은 제품이 다음 해 유행이 되는 경우가 많았다. 그래서 로비는 유행에 앞서가려는 사람들로 늘 북적였다.

마치 푸른 공원에 들어온 듯 이벤트 행사장은 싱그러운 식물로 꾸며져 있었고, 상쾌한 향기로 가득했다. 친환경 상품을 홍보하고 자연 보호를 위한 기업의 노력을 알리는 목소리가 곳곳에서 활기차게 들려왔다.

- 개인 컵을 가져오면 커피를 5퍼센트 할인해 드립니다.
- 재활용 플라스틱 섬유로 만든 티셔츠입니다. 패션도 살리고, 지구도 살리세요!
- 포장을 줄인 샴푸바를 만나 보세요.
- 재생 에너지로 만든 상품으로 탄소 발자국 줄이는 일에 함께하세요!

어떤 물건들이 전시되어 있는지 궁금했지만 먼저 해결해야 할 일이 있었다. 바스테트를 만나는 게 여기 온 이유니까. 나는 한눈팔지 않고 곧장 안내 데스크로 다가갔다.

"바스테트 사장님과 만나기로 했는데요, 어디로 가면 되나요?"

안내 직원은 내 말을 믿지 못하겠다는 듯 눈썹을 치켜올렸다. 하지만 내가 핸드폰을 켜 바스테트의 초대장을 보여 주니, 갑자기 자리에서 벌떡 일어났다.

"고객님, 제가 안내해 드리겠습니다."

직원이 깍듯하게 인사를 하더니 나를 '바스테트 전용 엘리베이터'로 데리고 갔다. 이 초고속 엘리베이터는 사장실로 곧바로 올라가지 않았다. 보안을 위해 50층에서 한 번, 100층에서 또 한 번, 엘리베이터를 바꿔 탔다. 밖에서 본 것보다 층수가 무척 많았다.

엘리베이터를 갈아탈 때마다 직원들이 나를 기다리고 있었다. 화려하고 멋진 인테리어와 친절하고 깍듯한 서비스. 이 모두가 바스테트가 얼마나 부자인지, 그를 만난다는 게 얼마나 귀한 기회인지 알려 주는 듯했다. 나는 주눅이 들었지만 허리를 쭉 펴려고 노력했다. 까미가 말했듯, 지금 아쉬운 쪽은 바스테트니까.

"여기 연락처를 써 주시겠습니까?"

김 실장 할아버지가 방명록을 내밀며 말했다.

"연락처요? 이걸 꼭 써야만 바스테트 사장님을 만날 수 있나요? 저는 이미 초대장이 있는데요?"

내가 주저하는 모습을 보이자 김 실장 할아버지가 인자하게 웃었다.

"바스테트 사장님은 이곳을 방문하신 모든 분께 해마다 선물을 보내드린답니다. 소중한 인연에 대한 작은 성의지요."

말은 작은 성의라고 하지만 선물이 결코 작지는 않을 것 같았다. 무려 풍요의 신이 보내는 선물이니 엄청 비쌀 거다. 하지만 바스테트는 절대 공짜로 베풀지 않는다고 했다. 까미는 바스테트에게 대가 없이 무언가를 받지 않는 게 좋다고 조언해 줬다. 받으면 반드시 더 큰 것을 주게 될 거라면서.

"음…… 감사한 말씀이지만 사장님을 만나고 난 뒤에 생각해 볼게요."

연락처를 쓰지 않으려는 내 행동에 김 실장 할아버지는 의외라는 듯 눈썹을 꿈틀거렸다.

"이유를 물어봐도 될까요?"

"세상에 공짜 점심은 없다고 하던데요. 음, 그러니까 공짜가 가장 비싸대요."

내 말에 김 실장 할아버지가 허허 웃었다.

"사장님과의 소중한 인연을 공짜 점심에 비유하시는 분은 처음이군요."

"그리고 제 개인 정보도 소중하니까요. 선물과 맞바꾸는 게 과연 합리적인 선택일까요?"

무심코 이렇게 말하다가, 버릇없이 보일까 봐 나는 얼른 말을 덧붙였다.

"요즘 경제를 공부하고 있거든요. 배우는 대로 실천해 보려고요."

"그러십시오."

김 실장 할아버지는 가볍게 고개를 끄덕이더니 사장실 문을 가리켰다.

'저 거대한 문 뒤에 세계적인 부자 바스테트가 있다!'

심호흡을 몇 번 한 뒤 문을 열었다. 마치 신전에 들어서듯 조심스럽게 안으로 들어갔다. 곧이어 등 뒤로 문이 스르륵 철컥 닫히는 소리에 심장이 털컥 내려앉는 듯했다. 끝없이 펼쳐진 넓은 벽에는 뉴스에서 보던 유명한 경제인들의 사진이 걸렸고, 저 멀리에 큰 책상이 놓여 있었다. 책상 뒤에 놓인 의자는…… 텅 비어 있었다.

'어? 바스테트는 어디 있는 거야?'

드넓은 사장실을 조심스레 두리번거려 보았지만, 인기척은 없었다.

"까꿍!"

갑자기 뒤에서 쾌활한 목소리가 들렸다. 깜짝 놀라 돌아보니 바스테트가 웃고 있었다. 바스테트는 생각보다 젊어 보였다. 몸에 쫙 달라붙는 검은색 드레스에 독특한 목걸이를 하고 있었는데, 까미가 차고 있는 목걸이와 어딘가 비슷했다.

'까미랑 무슨 관계지? 역시 까미는 바스테트가 기르는 고양이인가?'

"안녕, 네가 최우주구나. 앙크를 갖고 있다고?"

"네, 안녕하세요?"

"자, 여기 앉으렴."

바스테트가 가리킨 곳에는 푹신한 소파가 있었다. 분명 아까는 보이지 않던 소파였는데, 항상 그 자리에 있었다는 듯 자연스러웠다. 내가 조심스레 자리에 앉자 바스테트가 말했다.

"앙크를 보여 주겠니?"

"저, 그전에 묻고 싶은 게 있어요."

"물어봐!"

"잃어버린 앙크를 찾는다고 하셨는데, 사장님이 앙크의 주인이신가요?"

바스테트는 풍요의 신이다. 신은 거짓말하지 않는다고 했다.

"그건 왜 묻지?"

바스테트가 눈썹을 찡그렸다.

"만약 사장님이 앙크의 주인이 아니라면, 제가 이 앙크를 갖고 싶어요. 물론 저도 우연히 얻었지만, 제가…… 계속 갖고 싶어요."

마음을 단단히 먹고 여기까지 왔지만, 당분간 앙크로 까미와 이야기하고 싶다는 마음이 사라지지 않았다. 그리고 머리를 잘 굴리면 더 좋은 선택을 할 수도 있을 것 같았다.

바스테트는 '앙크를 돌려줄 생각이 없다면 왜 내게 연락을 했어? 심지어 네 발로 직접 나를 찾아 왔잖아!'라는 말로 다그치지 않았다. 그저 가소로운 녀석이라는 듯 여유 넘치는 표정으로 나를 내려다볼 뿐이었다.

바스테트의 눈길을 받았을 뿐인데, 온몸이 쪼그라드는 느낌이었다. 있는 용기, 없는 용기 다 끌어모아 나도 바스테트를 올려다봤다. 2, 3초가 두세 시간은 되는 듯했다.

거래의 시작은 탐색이다. 상대방이 어떤 사람인지, 무엇을 내놓을지 판단할 정보를 모아야 했다. 그래야 거래에서 유리한 지점을 차지할 수 있다. 나에 대한 탐색이 끝났는지 바스테트는 어깨를 가볍게 으쓱거렸다.

"앙크는 감히 누가 가지고 말고 하는 물건이 아니야. 나 역시 앙크의 주인은 아니지. 그나저나 네가 어떻게 앙크를 갖고 있을까?"

"그건…… 비밀이에요."

까미가 절대 자기 이야기는 하지 말라고 했다. 어차피 말하지 않아도 바스테트는 다 알고 있을 거라면서.

"당돌한 아이구나."

바스테트는 순식간에 태도를 바꿔 나를 싸늘하게 바라봤다.

온몸이 얼어붙을 것만 같았지만 나는 꿋꿋하게 버텼다. 마음속으로 10, 20, 100까지 숫자를 셌다. 까미가 풍요의 신은 결코 인간을 협박하거나 폭력을 휘두르지 않는다고 했다. 그러니 조금 떨리더라도 마음을 단단히 먹고 용기를 내면 내가 원하는 걸 얻을 수 있을 것이다.

"앙크를 훔친 건 아니고?"

바스테트의 말에 나는 깜짝 놀라 소리를 칠 뻔했다. 물론 그렇게 오해할 수도 있지만, 도둑 누명을 쓰는 건 너무 자존심 상했다. 까미도 훔치지 않았다고 했으니 양심에 거리낄 게 없었다. 나는 잠시 바스테트를 쳐다보다 자리에서 일어났다. 이런 거래는 할 필요가 없다.

"안녕히 계세요."

상대를 믿지 않는데 어떻게 거래를 하겠다는 건가? 거래할 때는 믿음과 용기가 필요하다.

 "앙크를 돌려받으려면 대가를 지불하라는 뜻이구나. 좋아, 사례금을 주마. 얼마나 줄까? 원하는 금액을 말해 보렴."

 "돈은 생각하지 않았어요……. 아까도 말했듯이 그냥, 제가 앙크를 좀 더 갖고 있어도 되는지 물어보러 왔을 뿐이에요."

"그래? 그럼 좀 더 갖고 있다 돌려주렴."

바스테트가 그만 나가 보라는 듯 손짓을 했다. 이렇게 쉽게 앙크를 포기하다니……. 나는 맥이 탁 풀렸다. 까미가 바스테트는 반드시 앙크를 돌려받기 원할 거라고 했는데……. 나는 애써 실망감을 감추고 말했다.

"감사합니다. 나중에 꼭 돌려드릴게요……."

내가 자리에서 일어나 인사를 하고 돌아서자 바스테트가 나를 불러 세웠다.

"그런데 꼬마야, 너는 내가 사례금으로 얼마를 줄 수 있을지 궁금하지 않니?"

"꼬마가 아니고요, 우주예요. 최우주!"

"그래, 꼬마야. 네가 1분이라도 빨리 내게 앙크를 돌려주면, 나는 너에게 그만큼 더 많은 사례금을 줄 거야. 내 시간을 낭비하지 않게 해 준 대가지."

꼬마라니! 이름을 얘기했는데도 불러 주지 않은 건 나랑 더 엮이고 싶지 않다는 뜻일까?

"물론 사례금으로 100만 원 아니, 1,000만 원도 주실 수 있겠지요. 그렇지만 음…… 억만금을 주신다고 해도, 저에게는 그 돈보다 앙크가 더 가치 있다고 생각해요."

나는 침을 꿀꺽 삼키고 미리 세워 온 계획대로 말했다.

"너는 앙크가 도대체 뭐라고 생각하는 거니? 그게 뭔데 내가 그렇게 큰돈을 줄 거라고 생각하는 거지?"

바스테트가 어이없다는 듯이 내게 물었다.

"저에게는 그저 신기한 물건이지만, 사람에 따라서 그 물건의 용도가 달라지기도 하잖아요. 누군가에는 황금알을 낳는 암탉일 수도 있지요."

"황금알을 낳는 암탉이라고? 호호!"

웃으며 말했지만 바스테트는 진지한 표정이었다.

"안타깝게도 앙크는 널 부자로 만들어 주는 암탉이 아니야. 그건 그냥 오래된 막대기일 뿐이란다. **자본주의 경제 체제**에선 **자본**이 황금알을 낳는 암탉이지. 공장을 갖고 있으면 물건을 만들어 팔아서 부자가 될 수 있잖아? 아니면 그 물건을 만드는 회사의 **주식**을 사서 황금알을 나눠 받을 수도 있고."

다행히 바스테트는 굳은 표정을 다시 풀고 말했다.

"어쨌든 너무 늦게 가져오지는 마렴. 그럼 내가 화가 날지도 몰라."

"네……."

나는 다시 인사를 하고 자리에서 일어나려고 했다. 그런데 바스테트가 또다시 내게 말을 걸었다.

"그런데 너는 돈 대신 암탉을 갖고 싶은 모양이구나."

가려는 나를 자꾸 붙잡는다는 건, 바스테트가 할 말이 더 있다는 뜻이다. 역시 아쉬운 건 바스테트였다!

"네, 하지만 잘 키울 자신이 없어요."

까미의 경제 교과서

우리는 **자본주의 경제** 체제에서 살고 있어. **자본**은 상품을 만드는 데 필요한 생산 수단이나 노동력을 통틀어 이르는 말이고, 이런 자본을 개인이 가질 수 있도록 보장하는 것이 자본주의야.

자본을 가진 자본가는 생산 수단이 많고 규모가 클수록 더 많은 생산물을 만들어서 더 큰 부를 얻을 가능성이 커. 그래서 여러 사람에게 투자를 받아 회사를 키우거나 새로운 사업을 시작하려 하지. 돈을 투자한 사람에게는 그 액수만큼 회사의 주인임을 인정해 주는 증서를 줘. 그게 바로 **주식**이야.

"두 가지 다 줄 순 없어……. 암탉을 갖든지, 암탉을 키우는 방법을 배우든지."

성공이다! 나는 이미 작은 암탉을 가지고 있다. 바로 우주당이 우리 집의 황금알을 낳는 암탉이다. 우주당만 잘 운영한다면 모든 문제는 해결될 것이다. 내 진짜 목적은 사례금이 아니라 바스테트에게 조언을 받아 우주당을 어려움에서 구하는 것이었다.

"암탉을 죽이지 않고 잘 키우는 방법을 가르쳐 주세요."

나는 예의 바르게 대답했다.

"그건 어렵지 않지. 그럼 다음 주에 나랑 같이 점심 먹겠니?"

"좋아요. 장소는 제가 정해도 될까요?"

심장이 두근거렸다.

"건방진 꼬마 같으니. 그래, 어디서 먹을까?"

"수제 햄버그스테이크 전문점, 우주당! 재료가 신선하고 요리사 솜씨도 빼어나요! 우리 가게로 사장님을 초대할게요."

나의 호기로운 말에 바스테트가 정말 재미있다는 듯 웃음을 터뜨렸다.

"하하하! 기회를 만들 줄 아는 아이구나. 네 미래가 기대되는걸?"

"칭찬이죠?"

"칭찬이다. 나는 꾀 많은 인간을 좋아하지. 오늘은 맛보기로 암탉을 키우는 일의 가장 기본을 알려 주마. 우선 너는 암탉을 이미 찾은 것 같으니, 암탉이 낳는 알, '돈'을 생각해 보렴. 앞으로 돈이 어디로 모일까? 돈은 항상 흘러가는 방향이 있단다. 그러니 돈을 따라가는 게 아니라, 미리 가서 기다리고 있어야 해. 그래야 기회를 잡지."

나는 문득 오는 길에 보았던 로비의 행사장을 떠올렸다.

"유행을 알려면 바스테트 백화점 1층으로 가라던데요?"

내 말에 바스테트가 눈썹을 치켜올리더니 피식 웃었다. 기분이 좋아 보였다.

"그래? 너는 거기서 무엇을 보았니?"

"종이 빨대, 샴푸바 같은 거요. 환경을 생각하는 착한 기업의 물건이 많더라고요. 그런 물건이 잘 팔린다는 게 참 좋았어요. 저도 이왕이면 지구와 이웃에 관심을 보이는 회사의 제품을 사고 싶어요."

"소비자 입장에서는 그렇지만, 기업의 가장 큰 목적은 돈 많이 버는 것 아닌가? 기업은 자선 사업을 하는 게 아니잖아."

"환경을 위하는 게 오히려 돈 버는 길이라면요? 지금 당장은 어쩔지 몰라도 이대로 가다간 기업이 망하기 전에 지구가 망할지도 몰라요. 요즘 기후 위기가 얼마나 심각한지 아시잖아요. 전 세계가 난리예요. 폭염과 홍수, 산불 같은 재해가 자주 발생하고, 빙하가 녹고 있다고요. 사람들은 환경을 망치며 돈만 벌면 된다고 생각하는 기업을 좋아하지 않아요. 고객들은 착한 기업의 물건을 사고 싶다고요."

"그래, 네 말이 맞아. 무조건 싸게 만들어서 많이 팔아 치우는 방식으론 경쟁에서 살아남을 수 없어. ESG 경영을 원칙으로 삼는 기업이 소비자의 선택을 받는 시대가 왔지."

바스테트가 고개를 끄덕였다.

"ESG 경영이요?"

"쉬운 말로 착하게 기업을 경영한다는 거야. 하지만 뭐가 착하다는 건지 알아야지? 김 실장에게 보고서를 받아 가렴. 그리고 점심을 먹으면서 네 암탉에게 어떤 ESG 경영을 적용할 수 있을지, 이야기해 보자꾸나. 그럼 다음 주에 보자."

"네."

나는 공손하게 인사를 하고 사장실을 나왔다.

김실장의 보고서

과거에는 많은 소비자들이 '값싸고 양 많으면 최고야!'라고 했는데요. 요즘 소비자의 생각은 확 달라졌습니다. 고객 인터뷰를 통해, 미래에는 어떤 기업이 소비자의 선택을 받으며 더 발전할 것인지 알아봤습니다.

 일회용품을 쓰지 않는 가게만 갈 거예요.

 노동자에게 갑질하는 나쁜 기업의 상품은 아무리 좋아도 안 삽니다!

 부정부패를 저지르는 기업은 믿을 수 없어요.

ESG란?

환경(Environment), 사회(Social), 지배 구조(Governance)의 앞 글자를 딴 것으로, 기업이 얼마나 성장할 수 있을지 평가하는 기준으로 활용됩니다. 따라서 **ESG 경영**은 환경을 보호하고 사회에 책임을 다하고, 윤리적으로 기업을 운영하는 것을 뜻합니다.

ESG 경영을 하면 좋은 점

사람들은 단순히 돈만 좇는 기업이 아닌, 지구 환경을 생각하고 지역 사회에 공헌하는 기업에 높은 점수를 줍니다. 그래서 그런 기업의 제품을 구매하고, 그 기업이 더 크게 성장하길 바라며 투자하지요. 어떤 투자자들은 환경과 사회에 무책임한 기업에는 투자하지 않겠다고도 했습니다. 앞으로 이런 성향의 투자자가 점점 더 많아질 것으로 예상됩니다.

코로나19 팬데믹이나 지구 온난화 같은 위기 상황은 기업에게 큰 타격을 줍니다. 환경이 파괴되면 기업의 경제 활동도 제한되기 때문이지요. 하지만 ESG 경영을 실천하는 기업은 이런 위기에 더 잘 대처할 가능성이 높습니다. 기업이 돈을 버는 것과 사회 기여는 따로 이루어지는 것이 아니라, 함께 실현되는 것이지요.

화석 연료로 물건을 생산하는 기업에게 투자하지 않겠습니다.

세계 최대 투자 회사
블랙록의 래리 핑크 회장

ESG에 관심 없는 사람이 회사를 경영한다고요? 반대표 던집니다!

스웨덴 투자 회사
세비앙 캐피탈

으윽, 나를 해고하겠다고?! 자리를 지키기 위해서라도 ESG 경영을 해야겠군!

투자가 필요한 기업
CEO (최고 경영인)

김 실장의 보고서

ESG 경영에 대한 고민

제대로 평가하기 힘들어.

ESG 경영을 평가하는 기준이 각 국가와 기관마다 달라 정확하고 공정한 평가가 어렵다는 문제가 있습니다. 또한 산업 분야마다 다양한 특징을 모두 고려하지 못했다는 점도 지적받고 있지요. 앞으로 정부와 기업들이 협력해 합리적인 평가 기준을 마련해 나가야 합니다.

그린워싱이 문제야!

일부 기업에서 ESG 경영을 제대로 하지 않고, 광고 수단으로만 이용할 수 있다는 문제가 있습니다. 이와 같이 친환경이라는 특징을 과장하거나 가짜로 꾸며내 경제적 이익을 얻는 것을 '그린워싱'이라고 합니다. 그린워싱을 막기 위해 더 철저한 평가와 감시가 필요합니다.

3

물가는 오르는데
손님은 줄다니!

한창 장사가 잘되어야 할 점심시간인데도 손님이 별로 없어 가게가 휑했다.

"정말 바스테트 씨가 오긴 온다니?"

내가 초조하게 시계만 쳐다보고 있자, 엄마가 물었다.

지난 주에 백화점에 다녀오자마자 엄마 아빠에게 바스테트를 우연히 만나 우주당으로 초대했다고 말했다. 물론 까미에 대한 이야기는 쏙 빼고. 바스테트를 위한 특별 메뉴를 준비하자고도 했다. 엄마 아빠는 내 말을 진지하게 들어 주었지만 믿지 않는 눈치였다.

그때, '딸랑!' 문이 열렸다.

헛소문은 입소문으로 덮는 게 가장 좋지 않을까? 우주당 음식에서 쥐 꼬리가 나왔다는 나쁜 헛소문은 바스테트가 햄버그스테이크를 먹는 사진 한 컷으로 완전히 날려 버릴 수 있을 것이다.

"어서 오세요, 바스테트 사장님. 이쪽으로 앉으세요."

일부러 '바스테트'를 크게 힘주어 발음하며 자리를 안내했다. 내 말에 가게 안의 다른 손님들이 힐끔 쳐다보는 게 느껴졌다. 나는 애써 모른 척하며 바스테트에게 메뉴판을 건넸다.

바스테트는 메뉴판의 가격표를 슥 훑어보더니 한마디 내뱉었다.

"음…… 비싸네."

갑자기 뒤통수를 맞은 듯 무척 당황스러웠다. 유명한 백화점의 사장이면서 경영 컨설턴트인 바스테트가 하는 말에는 큰 힘이 있다. 다른 손님들이 바스테트가 무슨 말을 할지 귀를 쫑긋 세우고 있는데, 이런 말을 하다니!

"햄버그스테이크 1인분에 15,000원은 절대 비싼 가격이 아니에요. 적절한 가격이죠. 가게 임대료, 고기와 채소 등 재료값, 요리와 서빙하는 노동력에 대한 값, 거기에 약간의 **이윤**을 보탠 거예요."

나는 조목조목 근거를 들어 바스테트의 말을 받아쳤다.

"여기 오면서 보니까 건너편에 레스토랑이 두 군데나 있던걸. 거기는 햄버그스테이크 가격이 13,000원이던데. 그래서 비

물건이나 서비스를 생산하고 판매해서 얻는 순수한 이익을 **이윤**이라고 해. '수입-비용=이윤'이지!

싸다는 거야. 가격 경쟁력이 없잖아. 이렇게 해서 가게가 잘 운영될까?"

역시 바스테트였다. 그래, 그래서 바스테트의 전문적인 경영 상담이 필요했다. 쥐 꼬리에 대한 헛소문 말고도 우주당은 해결해야 할 과제가 많았다. 갑자기 길 건너 레스토랑에서 햄버그스테이크 가격을 낮춘 것이다. 그 소식을 듣고 엄마 아빠는 땅이 꺼져라 한숨만 내쉬셨다.

잠시 후, 엄마가 햄버그스테이크와 콩박스테이크를 내왔다. 콩박스테이크는 소고기가 아닌 콩으로 만든 스테이크다. 육식 대신 채식을 하면 온실가스를 줄여 기후 위기를 막는 데 도움이 된다. ESG 경영에 대한 김 실장님의 보고서를 읽고, 내가 낸 아이디어였다.

"맛있게 드세요. 저…… 바스테트 사장님, 햄버그스테이크의 가격이 비싸다고 하셨는데 가격을 낮출 방법이 있을까요?"

엄마가 어색하게 웃으면서 물었다. 바스테트는 나이프와 포크를 들더니 어깨를 으쓱했다.

"상품을 만드는 비용을 줄이면 되죠."

"싼 고기는 절대 쓸 수 없어요. 우리 딸 이름을 걸고 운영하는 가게인걸요. 가게 문을 닫을지언정 손님에게 쓰레기 같은 음식은 팔지 않겠다는 게 우리 우주당의 경영 철학이죠."

순간 엄마가 엄청 멋져 보였다. 하지만 바스테트는 전혀 감동받은 표정이 아니었다.

"가격을 낮추는 가장 쉬운 방법은 인건비를 줄이는 겁니다. 가장 쉽게 줄일 수 있는 비용이 노동력에 지불하는 인건비 아니겠어요?"

어쩐지 차갑게까지 들리는 바스테트의 목소리에 나는 흠칫 놀랐다. 첫 조언이 내 아르바이트 **임금**을 깎는 거라니! 나는 이미 **최저 임금**을 받고 있는 상황이었다.

게다가 나뿐만 아니라 엄마 아빠도 노동력에 대한 보상을 충분히 받는 상태는 아니었다. 우리 가족은 지금 최대한 허리끈을 졸라매고 간신히 가게를 유지하고 있으니까.

노동의 대가로 받는 돈 등의 보수를 **임금**이라고 해. 국가가 노동자를 보호하기 위해 법으로 정한 임금의 가장 낮은 액수를 **최저 임금**이라고 하지.

"요즘 물가가 엄청 올랐죠. 한 망에 10,000원 하던 양파가 지금은 20,000원이에요. 어디 양파뿐인가요? 마늘, 토마토, 대파 안 오른 게 없어요. 전보다 햄버그스테이크 가격을 올려야 할 판인데, 길 건너 레스토랑은 어떻게 그 가격에 팔 수 있는 거죠?"

내가 바스테트의 말을 되받아쳤다. 기분이 상해 말이 곱게 나오지 않았다. 바스테트는 햄버그스테이크를 한 조각 썰어 입에 넣으며 싱긋 웃었다.

"레스토랑 건물이 자기 소유일 수 있지. 임대료를 아낄 수 있다면 가격을 낮추는 게 가능할지도. 어쨌든 계속 이야기해 보렴."

우주당은 임대료를 아낄 수 있는 상황이 아니라 더 속상했지만, 나는 티 내지 않고 계속 말을 이었다.

"어쨌든 노동자를 해고하는 건 말이 안 돼요. 좀 더 크게 보면 노동자가 곧 소비자인데, 소비자는 수입이 줄면 제일 먼저 외식비부터 아낀다고요. 그렇게 되면 결국 레스토랑의 매출도 줄어들 거예요."

"맞아. 네 말대로 소비와 생산이 착 가라앉아서 **경기**가 침체

되지. 그러면 결국 너희 가게도 문을 닫게 될지 몰라."

바스테트가 고개를 끄덕이며 말했다. 그제야 나는 눈치를 챘다. 내 질문이 잘못되었다는 걸. 엄마가 가격을 낮추는 방법을 물어봐서 바스테트는 정답을 간단히 내주었을 뿐이다.

"가게 수익을 올리는 방법을 물어보면 햄버그스테이크 가격을 올리라고 할 거죠?"

내 말에 바스테트가 깔깔 웃었다.

"정말 똑똑한 꼬마구나."

"그럼 이렇게 질문할게요. 우리 우주당의 경영이 어려운 근본적인 이유가 뭘까요?"

내가 눈을 빛내며 묻자, 바스테트는 이제야 바로 짚었다는 듯 손가락을 탁 튕겼다.

경기란 경제 활동의 전반적인 상태를 말해. 가령 경기가 좋으면 취업도 잘되고 수출도 잘돼. 사람들이 돈을 많이 쓰고 시중에 돈도 많아진 상태야. 반대로 경기가 나쁘면 취업이 안 되고 수출도 줄어서 당연히 사람들이 돈을 잘 안 쓰지. 한마디로 먹고살기 힘들다고 말해.

"공급 과잉이지. 그건 우주당의 문제일 뿐 아니라 자본주의 경제 체제의 문제이기도 하단다."

"길 건너에 레스토랑이 두 개나 더 늘어난 게 문제라는 건가요? 그건 저도 알아요. 하지만 다른 사람들이 가게를 여는 걸 무슨 수로 막아요. 동네에 우주당만 있으면 좋겠지만 그건 불가능하잖아요……."

불쑥 쥐 꼬리 소문이 혹시 길 건너 레스토랑의 소행은 아닐까 하는 의심이 들었다. 나는 이내 고개를 흔들었다. 괜한 사람을 증거도 없이 의심하면 안 되는 법이다. 자꾸 나쁜 생각이 꼬리에 꼬리를 물고 이어졌다.

"공급이 많으면 시장에 공급을 줄이면 되는데, 그렇다고 우주당 문을 닫을 수는 없잖니?"

바스테트가 다시 입을 열었다.

"네, 맞아요. 우주당 문을 닫으면 우리 가족은 어떻게 돈을 벌어요? 엄마랑 아빠는 한평생 햄버그스테이크만 만들어 오셨어요."

"돈 버는 거야 뭐, 다른 레스토랑에 취업하면 되잖니?"

바스테트가 빙긋 웃으며 말했다.

"뭐라고요? 우리 가게 문을 닫고, 길 건너 레스토랑 직원이 되라고요?"

"왜 그렇게 화를 내? 일반적인 경제 흐름이 그렇다는 거야."

바스테트가 갑자기 미워 보였다. 하지만 아픈 곳을 꼭꼭 찌른다고 탓할 수도 없었다. 내가 암탉을 잘 키우는 방법을 가르쳐 달라고 했으니까.

나는 부엌에서 음식을 만드는 엄마 아빠를 힐끗 쳐다보았다. 엄마 아빠는 종종 반쯤 우스갯소리로 월급 받으면서 살고 싶다고도 하셨다. 하지만 아주 많은 정성을 들여 지금까지 지켜온 우주당을 포기하는 건 상상할 수 없는 일이다. 우주당은 우리 집의 암탉, 즉 생산 수단이다. 우주당이 있어야 햄버그스테이크를 만들고, 그걸 팔아 부를 쌓을 수 있으니까.

나는 바스테트를 빤히 쳐다보았다. 어쨌든 오늘 바스테트가 우리 집에 왔고, 이게 엄청난 기회라는 것은 확실했다.

"만약 우리 동네 레스토랑들을 하나로 합치면 돈을 많이 벌 수 있을까요?"

"음, 처음엔 그렇겠지. 아무래도 레스토랑 규모가 커지니까. 하지만 규모가 크면 새로운 직원도 뽑아야 할 테고…….”

"직원 월급이 더 나가잖아요! 비용의 증가라고요.”

나는 발끈해서 바스테트의 말을 끊고 외쳤다.

"그래, 비용이 늘긴 하지만 더 이상 가격을 낮출 필요가 없지. 경쟁할 레스토랑이 없으니까. 그러니 물가가 오른 만큼 햄버그스테이크 가격을 올린다 해도, 소비자들은 그 가격대로 지불하지 않겠니?”

나는 고개를 끄덕일 수밖에 없었다.

"하지만 이후에 더 큰, 새로운 햄버그스테이크 전문점이 또 생겨날지 모르지. 이런 무한 경쟁에서 우주당은 살아남을 수 있을까?”

바스테트가 계속해서 날카로운 질문을 던졌다.

무한 경쟁. 생각만 해도 골치가 아팠다. 다른 가게를 없애고 우리 가게만 크게 키운다는 생각도 솔직히 마음 편한 일이 아니다. 다 같이 잘사는 방법은 없을까?

"떡볶이 골목!”

곰곰 생각을 잇다가, 나도 모르게 외쳤다.

"아, 옆 동네에 떡볶이 골목이 있거든요. 거기에는 떡볶이 파는 가게만 해도 열 곳이 넘어요. 그런데 장사는 늘 잘돼요. 왜 거기는 공급 과잉이 아닌 거죠?"

바스테트가 빙그레 웃었다.

"여러 가게들이 함께 떡볶이 재료를 저렴하게 많이 사서 나눌 수 있으니, 비용을 줄이는 효과가 있잖아. 게다가 가게들이 한곳에 모여 있으니 더 많은 소비자가 찾아와 매출이 증가하지. 이런 걸 **집적 경제 효과**라고 해."

현실적으로 우리 동네에 햄버그스테이크 골목을 만들기는 힘

떡볶이 골목뿐 아니라 재래시장, 게임 회사, 출판사들도 한 지역에 모여 있는 걸 볼 수 있어. 같은 상품을 팔면 서로 경쟁하느라 손해가 생길 것 같은데, 오히려 경제적으로 이익이 생기는 현상을 **집적 경제 효과**라고 해.

기업은 상품을 만드는 재료를 대량 구매해 싸게 구할 수 있고, 노동자는 고용 정보를 쉽게 알 수 있어 좋고, 소비자는 발품 팔지 않고 한곳에서 상품을 합리적으로 구매할 수 있어 이익이야.

들 것이다. 하지만 바스테트의 말에서 나는 실마리를 찾을 수 있었다.

"음, 공급을 줄일 수 없으니까 수요를 늘리면 되겠네요!"

"그래. 이 동네 사람들에게만 햄버그스테이크를 팔아야 할 이유는 없잖아. 새로운 시장을 개척해 또 다른 수요를 만들어 내는 게 우주당에 필요해 보이는구나."

바스테트는 그제야 고개를 끄덕이며 웃었다.

몇 년 전 코로나19 바이러스가 퍼지며 상황이 많이 달라지기는 했다. 사람들은 레스토랑을 직접 찾아와 먹는 것보다 포장이나 배달을 많이 이용했고, 유명한 레스토랑들은 고객이 집에서 조리해 먹을 수 있는 간편 조리 세트를 개발해 판매하고 있었다.

수요를 늘리는 방법을 고민해 보니, 인터넷 쇼핑몰이 떠올랐다. 진공 포장한 햄버그스테이크를 전국으로 배송하는 거다. 하지만 인터넷 쇼핑몰 역시 경쟁이 치열하고, 진공 포장 기계와 재고를 보관할 냉동고를 사려면 큰돈이 든다.

"비용을 줄이는 다른 방법은 없나요?"

내 질문에 바스테트가 피식 웃었다.

"인건비를 줄이는 방법이 가장 쉽다고 했지? 그렇지만 일하는 사람이 줄면 가게를 더 잘 운영해 나가긴 힘들 테고……."

나는 격하게 고개를 끄덕였다.

"네, 맞아요! 제가 아르바이트를 안 하면 엄마와 아빠가 제 몫까지 일해야 하니, 지쳐서 쓰러질지도 모른다고요."

"그렇다면 무인 계산대나 서빙 로봇을 들이는 게 어떨까? 처음에 기계를 사느라 투자 비용은 들겠지만 장기적으로 보면 훨씬 비용이 덜 들 거야."

바스테트의 말이 충분히 납득됐다. 게다가 아직까진 보기 드문 서빙 로봇이 가게를 돌아다니면 그게 신기해서라도 구경 오는 손님이 있을 수도 있다. 가게 이미지도 최신 트렌드를 따라가는 거고. 물가가 오르듯 인건비도 점점 높아지는 건 어쩔 수 없는 추세이니, 한번 구입해 두면 임금을 주지 않아도 되는 로봇이 더 나을 수 있다.

"어렵게 생각하지 마. 부를 얻으려면 딱 세 가지만 생각해. 잘 벌고, 잘 쓰고, 잘 투자한다. 그런데 너는 지금 너무 '잘 쓰는 것'에만 초점이 맞추어져 있어. 물론 비용을 줄이는 게 잘 쓰는 일이지만, 비용은 이미 줄일 만큼 줄였잖니. 일단 잘 벌어야만 잘 쓰고, 잘 투자할 수도 있는 거야."

바스테트는 참 간단하게 말했다. 하지만 잘 버는 게 쉽지 않다. 지금 우주당에서는 어려운 문제다.

그때 바스테트가 내 앞에 놓인 콩박스테이크를 궁금하다는 듯 쳐다봤다.

"그건 뭐지? 고기가 좀 달라 보이는데?"

"아, 이거요? 콩으로 만든 콩박스테이크예요. 저번에 ESG 경영을 말씀하셨잖아요. 우주당에 콩고기로 만든 메뉴가 있거든요. 소를 키우는 과정에서 온실가스가 많이 배출되고 축산업에 물도 많이 쓰인다고 해요. 하루 한 끼라도 소고기가 들어가지 않은 콩박스테이크로 채식하는 것도 지구를 위하는 길이 아닐까요?"

"그렇지. 금방 적용하다니 기특한데! 그럼 어디 나도 맛 좀 볼까?"

엄마가 냉큼 콩박스테이크를 바스테트에게 가져다주었다. 바스테트는 쓱쓱 칼질을 하더니 우아하게 콩고기를 입에 넣었다.

"으음, 맛있는데! 질기지도 않고 담백해. 콩으로 만든 고기라니, 건강에도 좋고 지구를 위하는 식생활이기도 하잖아. 이걸로 새로운 수요를 만들어 보렴. 경쟁이 치열한 햄버그스테이크보다 콩박스테이크라는 새 메뉴로 승부를 띄워 봐."

바스테트가 나를 바라보며 한쪽 눈을 찡긋했다.

"어? 하지만 낯선 메뉴여서 너무 위험한 모험 아닐까요?"

그때 한 손님이 쭈뼛거리며 우리 테이블로 다가왔다.

"저기…… 혹시 바스테트 님인가요?"

옆 테이블에서 앉아 아까부터 계속 힐끔힐끔 쳐다보던 손님이었다. 바스테트는 방긋 웃으며 그렇다고 했다.

"꺄악! 만나서 정말 기뻐요. 여기서 이렇게 바스테트 님을 만날지 꿈에도 생각 못 했어요. 저…… 실례가 되지 않는다면 함께 사진 한 장 찍어도 될까요?"

내가 바스테트을 대신해서 격하게 고개를 끄덕였다. 그리고 바스테트에게 '찍어 주세요! 찍어 주세요!'를 외치는 눈빛을 쏘았다. 그런 내 마음이 통했는지 바스테트는 흔쾌히 손님과 함께 사진을 찍어 주었다.

"저도 찍어 주세요!"

"바스테트 님, 팬이에요!"

그 손님을 시작으로 눈치만 보던 다른 손님들도 우르르 일어나 사진을 찍어 달라고 했다. 바스테트는 싫은 내색 하나 없이 손님 한 사람, 한 사람과 정성껏 사진을 찍었다. 그리고 이런 말도 했다.

"우주당은 제 최고의 맛집이에요. 콩으로 만든 스테이크도 기막히게 맛있더라고요! 저와 함께 찍은 사진은 혼자 소중히 간직하지 마시고 널리 알려 자랑해 주세요, 호호!"

가게 안의 모든 손님과 사진 찍는 게 끝날 즈음 김 실장 할아버지가 들어왔다.

김 실장 할아버지가 낮은 목소리로 무언가 전하자, 바스테트의 표정이 갑자기 차갑게 굳었다.

"이제 그만 가 봐야겠어. 바스테트스테이크가 성공하길 바란다. 이걸로 나는 충분히 앙크값을 지불한 것 같구나. 이제 네 차례야. 전에도 말했듯 앙크를 빨리 가져올수록 나는 더 많은 걸 네게 줄 거야, 명심하렴."

바스테트는 거래를 잊지 않고 있었다. 나는 다시 긴장되어 침을 꼴깍 삼켰다.

"네게 앙크를 가져다준 녀석이 있지? 그 말썽꾸러기를 꽁꽁 묶어서 함께 데리고 오너라. 바스테트스테이크 이름값은 해야 하지 않겠니?"

바스테트가 문을 나서며 덧붙였다. 역시 바스테트에게 공짜를 바라서는 안 된다고 한 까미의 말이 맞았다.

"까미에게 친절하게 대해 주세요……. 까미는 상냥하고 착한 친구예요!"

내 말에 바스테트는 어이가 없다는 표정이었다. 옆에 서 있던 김 실장 할아버지도 눈썹을 치켜올렸다.

"상냥하고 착하다? 그 녀석이? 처음 듣는 소리네. 흠, 나한테도 그렇게 상냥하게 굴었으면 좋겠구나."

바스테트가 획 몸을 돌렸다. 나는 냉큼 바스테트를 불렀다.

"저, 저희하고도 사진 찍어 주셔야죠! 우주당 앞에서요! 스테이크값 대신입니다."

뻔뻔했지만 나는 우주당을 위해 용기 내 말했다.

"뭐, 스테이크값? 이렇게 헐값으로 말이니!"

말은 이렇게 해도 바스테트는 다가와 사진을 찍어 주었다. 나는 알고 있다. 바스테트를 홍보 모델로 쓰려면 돈이 얼마나 많이 드는지. 그래서 일부러 민망함을 감추려고 헤헤 웃어 보였다.

바스테트와의 기념 사진은 가게 앞에 떡하니 걸어 놓을 것이다. 바스테트가 앉았던 자리는 특별 VIP석으로 만들어야지!

인플레이션

물건 가격이 비싸다는 고객 불만이 지난 석 달 동안 947건이나 접수됐습니다. 바스테트 백화점은 전 세계에서 가장 좋은 물건을 싸게 파는 곳인데, 어떻게 된 일일까요? 물가에 대해 자세히 알아보겠습니다.

◆ 물가란?

'**물가**'란 말 그대로 물건의 가격을 뜻합니다. 쌀, 책, 장난감 등 상품들 하나하나의 가격이 아니라, 평균 가격을 의미하지요. 그런데 상품에는 눈에 보이는 물건뿐 아니라 서비스도 포함됩니다. 즉, 물가란 한 나라에서 거래되는 모든 상품과 서비스의 평균 가격이라고 할 수 있습니다.

◆ 인플레이션과 디플레이션

인플레이션 물가가 계속 오르는 현상

인플레이션이 발생하면, 똑같은 물건이더라도 전보다 높은 가격에 사야 합니다. 그래서 같은 소득으로 살 수 있는 물건이 적어지지요. 물가가 높으면 사람들은 저축을 예전만큼 하지 못하고, 물건을 덜 사게 됩니다. 저축이 줄어 은행에도 돈이 많지 않으니, 은행은 기업에 돈을 잘 빌려주려 하지 않고 그러면 기업은 물건을 더 적게 만듭니다.

디플레이션 물가가 계속 내려가는 현상

상품과 서비스의 가격이 떨어지면 사람들이 소비를 활발히 해 경제가 좋아질 것 같지만, 실제로는 그렇지 않습니다. 사람들은 앞으로 가격이 더 떨어질 거라는 생각에 구매를 줄이고, 기업은 상품이 안 팔려서 생산과 고용을 줄입니다. 그러면 결국 가계의 수입이 줄어 경제 활동이 침체됩니다.

물가가 오르는 이유

사려는 사람이 많을 때

물건 수량은 정해져 있는데 살 사람이 많다면, 더 비싼 가격에 물건을 팔 수 있을 테니 가격이 올라갑니다. 이처럼 수요가 많으면 물가가 오릅니다.

사람들은 돈이 넉넉할 때 물건을 사려고 하겠지요? 나라에서 화폐를 많이 찍어내거나 은행에서 적은 이자로 돈을 많이 빌려주면 통화량(나라 안에서 실제로 쓰고 있는 돈의 양)이 늘어 수요가 늘고, 물가도 오릅니다.

생산에 드는 비용이 커질 때

물건을 만드는 데 필요한 재료를 사고, 일하거나 서비스를 제공할 사람을 구하려면 비용이 듭니다. 이 비용은 물건 가격에 영향을 주지요. 따라서 원자재의 가격이 오르거나 노동자의 임금이 올랐다면 물건 가격을 더 비싸게 매길 수밖에 없습니다.

예를 들어 전쟁이나 가뭄 등으로 밀을 구하기 어려워 밀 가격이 오르면, 밀을 재료로 만든 과자, 빵, 칼국수 등의 가격도 줄줄이 오릅니다. 또 석유 가격이 오르면 운송비가 비싸져 다른 상품들의 가격도 연달아 올라 물가가 상승하지요.

밀가루 가격이 올라서 빵값을 500원 올립니다!

김 실장의 보고서

🅱 물가와 정부의 역할

물가가 너무 빠르게 오르거나(인플레이션), 너무 낮아지면(디플레이션) 사람들은 아주 혼란스러워집니다. 그래서 정부에서는 경제를 안정시키기 위해 돈의 양(통화량)을 조절합니다.
돈이 많이 풀린 인플레이션일 때는 빌려준 돈에 붙는 이자(금리)를 높여 시중에 거래되는 돈을 거두어들이고, 경기가 안 좋고 디플레이션일 때는 사회 기반 시설(도로, 통신, 수도 등 공공시설)에 투자하거나 국민들에게 지원금을 지급하는 방식으로 돈을 더 푸는 정책을 씁니다.

🅱 팬데믹과 인플레이션

세계적으로 코로나19 바이러스가 유행하면서 사람들은 집에만 머물렀고, 정부에서는 감염을 막기 위해 '사회적 거리 두기'를 실시했습니다. 그러다 보니 경제 활동이 줄어 경기가 나빠졌습니다. 이를 해결하기 위해 정부에서는 국민에게 여러 지원금을 주었고, 금리를 낮춰 기업들이 활발히 투자하도록 했습니다. 이렇게 시중에 돈이 많이 풀리자, 물가가 빠르게 오르는 인플레이션이 일어났습니다.

우주당,
플랫폼으로 가다

바스테트가 다녀간 후부터 우주당을 찾는 손님이 꾸준히 늘었다. 손님들은 바스테트가 앉았던 자리에서 콩으로 만든 바스테트스테이크를 주문하고 인증 사진을 찍었다.

맛집을 소개하는 유튜버가 와서 촬영도 했다.

"우리 집에 밥 먹으러 오는 고양이가 있거든요. 그 고양이가 몇 번 쥐를 물고 온 적이 있어요. 그래서 누가 나쁜 소문을 꾸며 낸 것 같아요. 하지만 저희 우주당이 얼마나 깨끗한지 직접 보세요."

엄마가 유튜버에게 우주당 구석구석을 보여 주며 말했다. 그러자 우주당을 응원하는 실시간 댓글이 우르르 달렸다. 고양이를 좋아하는 사람들은 비슷한 경험을 한 적이 많다며 공감 버튼을 눌렀다.

엄마 아빠는 방송 효과가 엄청나다며 감탄했다. 출입문에 종이로 크게 써 붙여 놓아도 헛소문을 잠재울 수 없었는데 유튜브 방송 한 번에 해결된 것이다.

'우아, 유튜브 채널 효과가 대단하구나······.'

하지만 어리둥절할 틈도 없었다. 우주당은 늘어난 손님을 감당하기 위해 눈코 뜰 새 없이 바빴다. 유튜브 방송이 나간 뒤로 손님들은 대기표까지 받아 가며 길게 줄을 섰다.

엄마 아빠는 바스테트의 조언대로 서빙 로봇을 들이고 온라인으로 사업을 확장해, 바스테트스테이크를 인터넷 쇼핑몰에서 택배 판매하기로 했다. 어느 쇼핑몰과 계약할 것인지 고민도 많았다.

나는 부모님 옆에서 이야기를 듣다가 우주당 앞을 어슬렁거리는 까미를 보고 밖으로 나왔다.

"그걸 왜 고민하는지 모르겠어. 그냥 여기저기 다 올려서 팔면 되는 거 아니야? 인터넷에 우주당 상품이 많이 보일수록 좋은 거잖아."

내 말에 까미가 한심하다는 얼굴로 나를 쳐다봤다.

'예전에는 돈 한 푼이라도 아껴 쓰려고 용을 쓰더니, 요즘은 아주 여유가 넘치네?'

까미의 말에 나는 퍼뜩 정신이 들었다.

"앗, 그랬지? 맞아, 초심을 잃어선 안 돼! 근데 돈 아끼라는 말이 갑자기 왜 나와?"

'플랫폼에 상품을 올리는 건 공짜가 아냐. 수수료를 받는다고. 돈 벌어서 수수료로 다 날릴 순 없잖아.'

"뭐……? 플랫폼?"

내가 물었다.

'기차를 타고 내리는 역처럼, 온라인에서 사람들이 오가며 정보를 활용하도록 만든 가상 공간을 플랫폼이라고 해. 인터넷 쇼핑몰이나 배달 앱 같은 것도 여러 사람이 모여 상품을 사고파는 플랫폼이지.'

까미가 도도하게 고개를 치켜들고 설명했다.

"역시 너는 똑똑한 고양이야!"

'플랫폼마다 수수료도 다르고, 이용하는 사람들도 다 다르잖아. 그러니 최소 비용으로 최대 효과를 얻으려면 우주당 상품에 맞는 플랫폼을 선택해야 한다고.'

"그래, 네 말이 맞아! 엄마 아빠한테 얼른 말해 드려야겠다!"

나는 재빨리 가게로 들어가 엄마 아빠에게 까미가 한 말을 설명했다. 그래서 배달 주문을 위한 플랫폼은 우리 동네 사람들이 가장 많이 쓰는 앱을 이용하기로 결정했다.

택배 판매는 여전히 고민이었다. 인터넷 기사를 찾아 읽으니 20~30대 고객들은 기후 위기에 대한 인식이 매우 높고 소비 트렌드에도 아주 민감하다고 했다. 또 이름이 '바스테트스테이크'이니 바스테트를 잘 알고 좋아하는 사람들이 많은 온라인 쇼핑몰을 찾고 싶었다.

'흥, 그런 분석은 김 실장이 전문인데……'

까미가 어슬렁어슬렁 다가와 아쉽다는 듯 툴툴거렸다. 나는 힐끔 까미를 쳐다봤다. 하지만 바쁜 김 실장 할아버지께 이런 것까지 부탁드리는 건 무리라는 생각이 들었다. 아쉬운 대로 부모님을 도와 여러 쇼핑몰을 조사하고 온라인 댓글을 보면서 고객들의 성향을 살펴보았다.

　며칠 후, 드디어 우리 가게도 인터넷 쇼핑몰에 상품을 올렸다. 온라인 첫 판매를 기념해서 20퍼센트 할인 이벤트도 했다. 그 때문인지 쉴 새 없이 택배 주문 알람이 들어오기 시작했다. 엄마와 아빠는 함박웃음을 지었고, 나도 내 역할을 톡톡히 한 것 같아 무척 기분이 좋았다.

　예상보다 바스테트스테이크에 대한 반응이 좋았다. 바스테트 때문에 인기가 있는 것인지, 사람들이 지구를 생각하며 소비하려는 마음이 큰 것인지 헷갈렸다. 나는 콩으로 만든 스테이크여서 인기가 좋은 것이길 바랐다. 우주당은 바스테트 이름에만 운명을 걸기에는 너무 많은 비용을 지출했기 때문이다.

　1단계 '잘 번다'는 이제 통과된 것 같고, 2단계 '잘 쓴다'는 점에서 계속 고민스러웠다. 포장 기계나 콩고기를 만들어 내는 기계가 너무 비쌌기 때문이다. 그래서 나는 까미가 찾아올 때마다 종종 물었다.

　"까미야, 네 생각은 어때? 우주당의 투자 비용이 너무 많은 것 같지 않아?"

'흥, 나한테 왜 그런 걸 물어? 바스테트한테 쪼르르 달려가 물어보시지?'

"까미야, 왜 그래 화났어?"

내가 웃으며 쓰다듬으려 했지만 까미가 고개를 홱 돌려버렸다.

'……'

아무래도 우주당이 사용할 플랫폼을 고민할 때, 내가 "김 실장님이랑 바스테트라면 어떻게 했을까?"하고 자꾸 물어서 까미의 마음이 상한 것 같았다.

"에이, 내가 어떻게 바스테트에게 가냐? 다음에 올 때는 너를 꽁꽁 묶어서 데려오라는데. 나는 너랑 헤어지고 싶지 않단 말이야. 그리고 무슨 일 때문인지는 모르지만 너는 바스테트를 피해 다니고 있잖아? 널 배신 할 수 없어!"

나는 까미의 기분을 풀어 주기 위해 일부러 살살거렸다. 내 말에 까미는 귀여운 두 귀를 쫑긋거리며 입을 실룩였다. 하지만 늘 그렇듯 까미는 도도하게 고개를 들고 말했다.

'날 바스테트에게 넘기고 전문가 상담을 한 번 더 받는 게 경

제적으로 이득이지. 지금도 봐, 손님들이 줄을 서니까 좋아서 싱글벙글이잖아.'

"그렇지만 우리가 너무 무리하는 선 아닐까 걱정도 된단 말이야."

'사업 초반에는 원래 투자 비용이 많이 들어. 너무 걱정 마. 이번에 산 기계는 없어지지 않는 든든한 재산이잖아. 그리고 내가 방법을 좀 더 알아볼게.'

까미는 무슨 해결사라도 되는 듯, 어쩐지 자신감 넘쳐 보였다.

며칠 지나지 않아 김 실장 할아버지께 연락이 왔다. 바스테트 플랫폼에서 우주당의 상품을 판매해 보는 건 어떠냐고 했다. 바스테트 백화점은 온라인 쇼핑몰도 운영했다. 이 쇼핑몰은 택시와 숙박 예약 앱, 채팅 앱, 여러 게임 앱 등과 연결되어 우리나라에서 가장 거대한 플랫폼을 이루고 있었다.

수수료도 쌌다. 하지만 딱 하나 걸리는 게 있었다. 모든 거래에 '바스테트 코인'을 **화폐**로 써야 한다는 점이다. **전자 화폐** 중 하나인 바스테트 코인은 날마다 가격이 변한다. 어떤 때는 1테트에 20,000원이기도 하고, 어떤 때는 15,000원으로 떨어지기도 한다.

"바스테트 코인은 가치가 떨어질 때도 있지만 장기적으로는 가치가 오르잖아요."

아빠는 새로운 화폐를 사용하는 게 오히려 기회라고 생각했다.

"하지만 갑자기 돈이 필요할 때 바스테트 코인 가치가 떨어지면 어떡해요?"

엄마 생각은 달랐다. 화폐로 믿고 쓰기엔 불안하다는 거였다.

아빠 엄마는 계속해서 의견을 나누었다. 나는 슬그머니 엄마 편을 들었다.

"맞아요, 우리가 여윳돈이 많은 것도 아니고……. 바스테트 코인의 가치가 버틸 수 없을 때까지 떨어질 수도 있으니 신중해야 해요."

돈의 가치가 큰 폭으로 오르락내리락하면 믿고 거래할 수 없다. 바스테트 코인은 자칫 잘못하면 하루아침에 휴지 조각이 될 수도 있다. 아니, 전자 화폐이니 데이터의 단위를 나타내는 '비트 조각'이라고 해야 할까?

 까미의 경제 교과서

우리가 흔히 말하는 돈, 즉 화폐는 물건값을 매기거나 비교하는 도구야. 화폐에는 두 가지 기능이 있어.
① 원하는 물건을 손쉽게 사고파는 **교환 수단**
② 나중에 필요할 때를 대비해 모아 두는 **가치의 저장고**
요즘에는 동전이나 지폐 같은 화폐를 집에 쌓아 두지 않아. 계좌에 넣고 인터넷 뱅킹이나 통장에 적힌 숫자로 확인하지. 이렇게 디지털 형태로 저장하거나 거래되는 모든 돈을 **전자 화폐 또는 디지털 화폐**라고 해. 인터넷 뱅킹으로 거래하는 돈, 다양한 포인트, 암호 화폐 등이 전자 화폐에 속해.

결론을 내지 못한 채 한참 토론만 하고 있는데, 가게 문밖에서 어슬렁거리는 까미가 보였다. 까미에게 줄 소고기를 들고 냉큼 밖으로 나갔다.

"까미야!"

나는 까미를 안고 공원으로 갔다.

'너희 엄마 아빠, 왜 그리 다투시는 거야?'

까미는 소고기를 먹으면서 물었다.

"다투시는 거 아니야. 그냥 의견을 조율하시는 거지."

나는 까미에게 김 실장 할아버지의 제안에 대해 이야기를 했다.

'아휴, 바스테트가 몸이 달았네! 빨리 앙크를 돌려받고 싶어서 그러는 거야.'

까미가 말하지 않아도 나 역시 이미 바스테트의 의도를 알고 있었다. 그래서 더 바스테트 코인을 미덥지 않게 생각하고 싶은지도 몰랐다.

"말했잖아, 이런 제안이 고맙긴 해도…… 난 너랑 계속 이렇게 얘기하고 싶은걸."

나는 까미의 자그마한 머리를 쓰다듬었다. 털이 보드라운 게 느낌이 참 좋았다.

'음, 내 생각에는 괜찮은 기회인 것도 같아. 바스테트 코인으로 얻는 수익을 잘 투자해 보는 거지.'

"투자?"

나는 까미의 말이 이해되지 않았다. 투자는 돈 많은 사람들이 하는 거라고 생각했기 때문이다.

'응, 우주당의 여러 메뉴 중 콩으로 만든 스테이크만 바스테트 플랫폼을 이용해서 판매하는 거야. 모든 메뉴를 판매하는 건 위험해. 네 말대로 바스테트 코인은 가치가 일정하지 않잖아. 전체 매출에서 바스테트스테이크가 차지하는 비율이 어떻게 돼?'

"음, 그건 잘 모르겠네. 계산해 봐야겠다."

'처음부터 너무 욕심부리지 말고, 바스테트 코인 가치가 떨어지더라도 버틸 수 있을 만큼만 거래해 봐. 바스테트스테이크에서 나오는 수익 정도 투자하는 건 괜찮을 듯싶어.'

까미가 차분한 목소리로 말을 맺었다. 설득력 있는 말이었다.

"그래, 나도 투자할래! 바스테트는 믿지만, 바스테트 코인의 가치가 너무 왔다 갔다 하니까 불안해서 마음을 정하기 어려웠는데, 이제 해결됐어."

까미가 나를 물끄러미 보더니 한숨을 쉬었다.

'너, 혹시 바스테트가 세계적인 부자이고 풍요의 신이니까 믿을 수 있다고 생각하는 건 아니지? 바스테트 코인은 바스테트와 상관 없을 뿐 아니라, 정부나 은행이 그 가치를 보장해 주지 않아.'

"뭐? 정부나 은행이 돈의 가치를 보장해 주지 않는다고?"

내가 이해되지 않는 표정으로 눈을 도르르 굴리니, 까미가 한숨을 푹 쉬었다.

'아휴, 멍청이. 잘 들어. 지금 내가 먹고 있는 이 소고기 한 근에 얼마야?'

"음, 일주일 전에는 30,000원인가 했나? 지금은 잘 모르겠어. 요즘 가격이 많이 올랐다고 하니까 35,000원 정도 하려나?"

'다음 주는 얼마나 할까?'

"글쎄…… 비슷하겠지."

'화폐라는 건 물건의 교환 가치를 측정하는 수단이야. 이건

5,000원짜리, 10,000원짜리, 이렇게 가격을 정해서 화폐로 사고팔 수 있지. 그런데 같은 물건인데 자꾸 가격이 바뀌면 그 가치를 알 수 없잖아. 그러면 경제가 아주 혼란스러워져. 때문에 정부에서 화폐를 관리하는 거야. 요즘 여러 나라에서 물가가 엄청 오르고 있어. 돈의 가치가 변하니 정부에서 발행하는 화폐를 믿지 못하는 사람도 늘어났지. 그래서 정부나 중앙은행을 쏙 빼고 우리끼리 합리적으로 돈의 가치를 결정하자며 바스테트 화폐 같은 암호 화폐를 만든 거야.'

까미가 자세히 설명했다.

"어? 정부를 빼고 우리끼리? 그게 가능할까? 누가 조작해서 사기를 치면 어떻게 해?"

'모든 사람이 거래 내용을 공유하는 기술을 개발하면 아무도 거래를 조작할 수 없지.'

"그럼 모든 사람이 함께 정부나 은행의 역할을 하는 거네?"

'그래, 그래서 암호 화폐를 가장 민주적인 화폐라고 해. 잘만 사용하면 말이야. 문제는 암호 화폐가 사람들에게 낯설어서 아직 화폐의 가치에 대한 믿음이 없다는 거야. 그러니 화폐로 이

용하기보다, **투기**의 수단으로만 보는 사람들이 많아. 그래서 화폐 가치가 너무 크게 변하는 거지.'

"그렇구나. 내가 너무 쉽게 생각했나 봐……."

제대로 알지도 못하고 투자를 하려고 했다 싶어 조금 창피했다. 까미가 내 손을 핥아 주었다.

'괜찮아. 앞으로 조금씩 더 알아 가면 되지 뭐.'

까칠한 혓바닥 감촉에 이상하게 마음이 편안해졌다.

"까미야, 네 덕분이야. 고마워."

'뭐가? 아직 바스테트처럼 부자가 된 것도 아닌데.'

"어떻게 모든 사람이 바스테트처럼 부자가 될 수 있겠어? 난 우주당을 좀 더 잘 운영할 수 있게 된 것만으로 정말 좋아."

내 말에 까미가 무언가 생각하다가 다시 물었다.

'미래가 걱정되진 않아? 사람 일은 모르는 거잖아. 혹시 아파서 병원에 가야 할지도 모르고, 교육비도 많이 들잖아.'

 까미의 경제 교과서

투기는 짧은 시간에 발생하는 가격 차이를 이용해 이익을 얻으려는 목적으로 이루어지는 거래 활동이야.

"맞아, 그런 거 생각하면 또 돈을 많이 모으긴 해야겠네. 아휴, 진짜 먹고살기 참 힘들다."

큰 산을 넘으니 또 큰 산이 있는 기분이었다. 내 한숨 소리에 까미가 잽싸게 튀어 무릎에 올라앉았다.

'그 돈을 왜 개인이 모아야 해?'

"뭐? 내가 안 하면 누가 해?"

'사회 구성원 모두가 함께 모으면 되지. 넌 큰 부자가 되고 싶은 건 아니라고 했잖아. 가장 기초적인 생계, 그러니까 먹고 공부하고 아프면 병원 가고……. 이런 건 사회에서 보장해 주는 제도를 만들면 되잖아.'

"물론 우리나라에 여러 복지 제도가 있지. 하지만 아주 최소한일 뿐이라고. 평범하게만 살아도 드는 돈이 많아. 핸드폰도 있어야 하고 문화생활을 하거나 가끔 맛있는 것도 사 먹어야 해. 또 학용품도 사고 운동화도 사야 하고. 암튼 사람들은 고양이와 달리 꼭 해야 하는 게 많아."

나는 어느새 하소연하듯 까미에게 털어놓고 있었다.

'그래, 그러니 내 말은 어쨌든 모든 사람에게 일정한 기본 소

득이 있어야 한다는 거야. 만약 너에게 소득이 보장되어 있으면 어떨 것 같아?'

"소득이 보장된다는 건, 지난번 코로나19 바이러스가 유행했을 때처럼 나라에서 모든 국민에게 일정한 돈을 나눠 주겠다는 거야?"

까미는 콧수염을 실룩이며 내 질문에 답하려다가, 갑자기 얼음처럼 굳었다. 온몸에 털을 빳빳하게 세우며 무언가를 경계하는 듯했다.

"왜 그래, 까미야?"

내 옆으로 커다란 검은 자동차가 멈추어 서더니 김 실장 할아버지가 내렸다. 까미는 무척이나 다급하게 몸을 튕겨 달아났다.

"안녕하세요? 김 실장 할아버지."

내 인사에 김 실장 할아버지는 인자하게 웃었다. 나는 용기를 내 물어보았다.

"지금 까미 잡으러 오신 거죠?"

"잡으러 왔다니요. 허허허, 모시러 왔답니다."

"까미랑 바스테트 사장님은 무슨 관계인가요?"

김 실장 할아버지는 나를 잠시 바라보더니 입을 열었다.

"바스테트 가문의 대를 이을 아가씨랍니다. 이제 그만 집에 돌아오실 때도 되었는데, 왜 그리 고집을 피우시는지 알 수 없

군요. 다음에 우리 아가씨 만나면, 제발 집으로 좀 돌아오시라고 전해 주시겠습니까? 어머니께서 걱정이 많으시다고요."

김 실장 할아버지 말에, 나는 놀라 눈을 도르르 굴렸다.

'어머니라고? 까미가 바스테트의 딸이었다니!'

플랫폼 경제와 암호 화폐

김실장의 보고서

바스테트 백화점의 사업 확장을 위해 디지털 기술의 발달로 펼쳐진 새로운 경제 상황을 조사했습니다. 시장이나 마트에서 직접 만나야만 물건을 사고팔 수 있는 시대는 지났습니다. 현금을 사용하는 경우도 점차 줄고 있고요. 새로운 시장, 새로운 화폐에 대해 알아보겠습니다.

플랫폼 경제란?

플랫폼이란 사람들이 기차를 타고 내리는 장소를 가리키는 말입니다. 그런데 요즘은 수요와 공급이 만나는 디지털 경제 생태계를 가리키는 단어로 많이 쓰이고 있습니다. 아마존, 네이버, 카카오, 구글 같은 사이트나 여러 배달 앱, 숙박 예약 앱 등이 대표적인 플랫폼이라고 할 수 있지요.

수많은 상품과 서비스를 제공하는 생산자 또는 회사들이 한데 모여 있어, 소비자들은 원하는 것을 손쉽게 구매할 수 있습니다. 기차역에 수많은 사람이 오가듯, 이런 인터넷 사이트나 어플을 통해 물건과 서비스가 활발하게 오가는 것입니다.

암호 화폐란?

전자 화폐의 한 종류로, 암호화된 키를 갖고 있어야 암호 화폐를 소유하거나 암호 화폐로 거래할 수 있습니다. 가장 잘 알려진 암호 화폐로 '비트코인'이 있습니다.

암호 화폐가 만들어진 이유

만약 화폐를 관리하는 국가가 망한다면 그 화폐의 가치를 보장받을 수 없습니다. 그러니 아무리 돈을 많이 벌어들인다 하더라도 불안하겠지요. 그런데 화폐를 국가나 은행 같은 기관이 통제하지 않고, 모든 사람이 함께 관리한다면 어떨까요? 모든 사람이 거래 내용을 알고 있다면 누구나 화폐의 가치를 인정할 수 있을 것입니다. 그래서 디지털 기술로 투명하게 관리되는 암호 화폐를 개발한 것입니다.

암호 화폐의 특징

- **민주적입니다.**
  화폐를 관리하는 중앙 기관이 없기 때문에 암호 화폐를 사용하는 구성원의 합의에 따라 화폐가 만들어지고 관리됩니다.

- **전 세계에서 사용할 수 있습니다.**
  각 국가에서 발행된 화폐와 달리, 암호 화폐는 온라인을 통해 전 세계 사람들이 사용할 수 있습니다. 그렇다 보니 한 국가 안에서 발생하는 인플레이션이나 디플레이션에 영향을 많이 받지 않아 안전합니다.

- **가치 변화가 매우 큽니다.**
  관리하는 기관이 따로 없어서 가치를 일정하게 조절할 수 없습니다. 또한 투기를 목적으로 암호 화폐를 쓰는 사람들이 많아 그 가치가 짧은 시간에 크게 오르내리기도 합니다.

김 실장의 보고서

블록체인 암호 화폐 거래에서 해킹을 막기 위한 기술

암호 화폐의 바탕이 되는 기술입니다. 이 기술로 은행이나 국가를 통하지 않고 각 사용자가 직접 거래하며, 모두가 거래 내용을 알 수 있습니다. 거래 내용이 모든 사용자의 컴퓨터에 블록처럼 하나하나 쌓여 저장되고, 이 블록이 체인처럼 서로 연결됩니다. 거래 내용을 없애거나 바꾸려면 모든 사용자의 컴퓨터를 조작해야 하지요. 그러니 블록체인 기술이 완벽하다면, 암호 화폐를 도둑질하거나 복제하는 등 사기를 벌이기란 거의 불가능합니다.

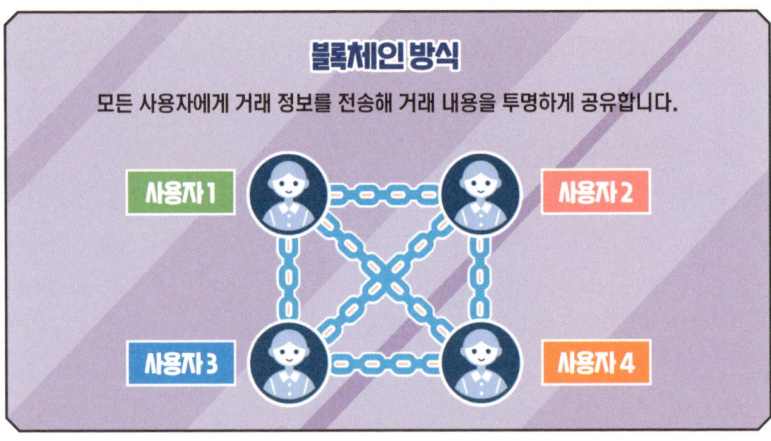

5

까미의
소원이 이뤄진 날

한동안 까미를 만날 수 없었다. 매일 동네를 돌아다니며 까미를 찾아도 보이지 않았다. 생쥐들에게 쫓기던 까미의 모습이 자꾸만 떠올랐다.

'고양이가 생쥐에게 지지는 않을 거야. 별일 없겠지?'

학교를 마치고 집으로 돌아오면서도 나는 쉴 새 없이 주변을 둘러보았다. 길가에 주차된 자동차 밑이나 담장 뒤편을 살피고, 화단 속을 헤쳐 보았다.

"우주야, 뭐해?"

맞은편에서 지호와 윤서가 다가왔다.

"아, 누굴 좀 찾고 있었어······."

"혹시 우주당에 생쥐 잡아 준다는 까만 고양이?"

윤서의 말에 내가 놀라 쳐다보자 옆에 있던 지호가 씩 웃었다.

"나도 유튜브에서 봤어. 요즘 우주당에 손님이 엄청 많다며? 우리 엄마가 너희 집 이제 부자 됐다고 그러던데 진짜야?"

"부자는 무슨!"

당황해서 내 목소리가 뾰족하게 나갔다. 우주당은 이제 겨우 눈앞의 문제를 해결했을 뿐이었다.

"쳇, 너 부자라고 우리 차별하냐?"

"부자 아니라니까!"

나는 지호의 억지소리에 짜증이 났다.

"그러면 왜 요새 우리랑 안 놀아?"

"맞아. 매점도 같이 안 가고."

윤서가 아픈 곳을 콕 찔렀다. 전에는 친구들과 같이 학원도 다니고 쉬는 시간마다 매점에도 자주 갔다. 하지만 우주당 경영이 어려워지면서 학원을 끊을 수밖에 없었다. 매점도 마찬가지였다. 매점에서 친구들에게 빵을 얻어먹는 것도 한두 번이지 매

번 그럴 수는 없으니까. 그러다 보니 나는 점점 친구들을 피하게 되었다. 하지만 돈이 없어서 그랬다고 절대, 절대! 말할 수 없었다.

"그건……."

"아, 너 길고양이 찾고 있었지? 오다 보니까 길 건너편 골목에서 고양이들이 싸우고 있던데."

적당한 말을 찾지 못해 곤란해하고 있는데, 윤서가 얼른 화제를 바꿨다. 윤서는 늘 눈치 빠르게 내 사정을 배려하는 친구다.

"맞아! 털을 바짝 세우고 으르렁대고 있었어."

싸우고 있었다고? 혹시 그 고양이가 까미가 맞다면 다치지는 않았을지 무척 걱정이 됐다.

"어, 알려 줘서 고마워!"

나는 잽싸게 친구들이 말한 건너편 골목으로 뛰어갔다.

"우주, 쟤는 우리랑 노는 것보다 고양이가 더 좋은가 봐!"

뒤에서 아이들의 말소리가 아스라이 들려왔다.

일주일 후, 드디어 까미가 나타났다. 오랜만에 다시 만난 까미는 조금 말라 있었다. 보드랍던 털은 푸석했고, 얼굴에 상처도 있었다.

"까미야, 괜찮아? 우리 병원에 가자!"

나는 너무 놀라 까미를 덥석 안아 들었다.

'괜찮아. 이 정도는 아무것도 아니야.'

물론 나도 까미가 평범한 고양이가 아니라는 걸 안다. 무려 바스테트의 딸이지만, 그래도 까미가 걱정스러웠다.

'진짜 괜찮다니까. 그나저나 우주, 너 저번에 김 실장 만났지? 김 실장이 뭐래?'

"어머니께서 가출하신 딸 걱정하신대!"

내 대답을 듣고 까미가 콧방귀를 끼었다.

'가출이라니! 너, 내가 이런 모습이라고 어린애인 줄 아니? 내 나이가 몇 살인 줄 알아?'

"몇 살인데?"

'오백…… 아니, 말을 말자! 암튼 나, 어린애 아니야. 내 앞가림은 충분히 한다고.'

나는 가만히 까미를 보다가 조심스럽게 물었다.

"그런데 너, 가출…… 아니, 집은 왜 나왔어? 엄마랑 싸웠어?"

'싸웠다니!'

까미는 등을 동그랗게 말면서 꼬리를 세우며 하악거렸다. 하지만 힘이 없는지 곧 어깨를 죽 늘어뜨렸다.

'싸웠다는 게 맞는 말인 것 같아. 내가 완전 졌지. 그래, 인정해. 나의 **공동 생산 공동 분배** 기획은 실패했어. 하지만 엄마의 자본주의도 완전히 성공한 건 아니잖아? 그런데도 엄마는 내가 실패한 게 창피해서 집을 나갔다고 생각해. 하지만 천만의 말씀이야. 나는 새로운 실험을 하고 싶을 뿐이야. 그런데 엄마는 내 말을 들어 보려고 하지 않아! 자본주의도 보완할 필요가 있는데, 엄마는 왜 자기 말만 옳다고 우기지?'

 까미의 경제 교과서

자본주의 사회에서는 생산 수단을 개인이 소유하는 반면, 공산주의 사회에서는 생산 수단을 개인이 아닌 국가가 관리해. 따라서 생산 수단은 공동의 재산이고, 생산물은 공동체가 함께 나눈다는 **공동 생산 공동 분배** 원칙이 있지.
하지만 나는 공산주의 제도로서 기본 소득을 말하는 게 아니야. 오히려 지금의 자본주의가 더 잘 돌아가도록 국가가 나설 필요가 있다고 말하고 싶은 거지.

까미가 줄줄 토로했다.

"그러니까 까미, 너는 바스테트의 딸이니까…… 너도 풍요의 신인 거야?"

나는 확실히 하기 위해 물었다.

'그래, 하지만 풍요를 이루는 방법에 대해선 엄마와 생각이 달라.'

"풍요로워지는 방법이 하나가 아니야?"

뜻밖의 말에 내가 놀란 표정으로 다시 물었다. 황금알 낳는 암탉을 기르는 것, 즉 생산 수단을 소유해 잘 운영하는 것 말고도 부를 이루는 방법이 또 있다고?

'바스테트가 알려 준 게 전부는 아니야. 너도 말했잖아. 평생 쉬지 않고 열심히 일해도 바스테트만큼 부자가 될 수 없다고. 왜 그런 거 같아?'

오늘따라 까미가 더 날카롭게 질문했다.

"그야…… 바스테트는 이미 부자잖아. 원래 돈이 많았으니까 은행 이자도 많이 들어올 테고, 또 투자한 곳에서 이익도 많이 나겠지."

'그렇지. 네 말을 좀 어렵게 하면, 일해서 벌어들이는 **근로 소득**보다 이미 가진 재산에서 발생하는 **자본 소득**이 훨씬 많기 때문이야. 그래서 백화점에서 물건을 파는 노동자는 아무리 오랜 시간 열심히 일해도 백화점 주인보다 부자가 될 수 없지. 이게 올바른 일인 거 같아?'

까미가 열정적으로 말했다.

'바스테트도 나름 열심히 일하고, 김 실장 할아버지도 매일 엄청 바빠 보이시던데?'라고 솔직히 말했다가는 까미가 완전히 토라질 것이다. 바스테트 같은 부자들이 무조건 나쁘다고 말하고 싶지는 않았다. 그저 열심히 일한 만큼 충분히 여유롭게 살고 싶을 뿐이었다. 나는 힐끔 까미의 눈치를 보다가 퍼뜩 알아챘다.

 까미의 경제 교과서

소득은 경제 활동을 통해 벌어들인 돈을 말해. 소득에는 노동력을 제공하고 얻는 **근로 소득**, 사업 활동을 통해 얻는 사업 소득, 소유한 자본을 활용해 얻는 **자본 소득**이 있어.
돈을 빌려주고 받는 이자, 건물을 빌려주고 받는 임대료, 주식을 갖고 있어서 얻는 배당 등이 자본 소득이야.

"응, 받는 용돈이 많으면 금수저, 적으면 흙수저라고 해. 선생님이 그런 말은 좋지 않다고 쓰지 말라고 하셨지만."

무언가 고민하는 듯한 까미를 앞에 두고 내가 계속해서 말을 이었다.

"그런데 기본 소득인가 뭔가를 하면 부자나 가난한 사람 구분이 없어진다는 거야?"

'그건 아니야. 음, 쉽게 예를 들어 설명해 줄게. 용돈 100만 원을 받은 애랑 10,000원을 받은 애가 있는데, 그 애들한테 기본 소득으로 매달 10,000원을 준다고 생각해 봐.'

"100만 원! 어떻게 초등학생이 용돈을 그렇게 많이 받아? 매점에 있는 거 다 사도 남겠다!"

'진정해, 예를 드는 거잖아!'

 까미의 경제 교과서

자본주의 경제 체제에서 사람들은 자유롭게 경쟁을 한다고 했지? 그런데 자본, 특히 생산 수단을 가진 사람과 그렇지 못한 사람들 사이에 점점 소득 격차가 커졌어. 잘사는 사람은 점점 더 잘사는데, 가난한 사람은 계속 가난하게 되는 거야. 이런 경제적 **불평등**을 해결하기 위해 국가에서는 세금을 거둬 복지 정책을 펼치고 있어.

"아, 알았어. 음…… 100만 원 있는 애는 용돈이 101만 원이 되어도 별생각 없을 것 같아. 평소처럼 살겠지. 그런데 용돈이 10,000원이던 애는 기본 소득을 받아 20,000원이 되면 엄청 좋을 거야. 용돈이 두 배가 되는 거랑 마찬가지잖아. 그동안 못 샀던 것도 살 수 있을 거야."

내 말에 까미가 고개를 끄덕였다.

'그래, 모두에게 기본 소득을 보장해 주면, 소득이 적은 사람들이 좀 더 여유로워지지 않을까?'

"그런데 100만 원을 가진 아이한테도 10,000원을 똑같이 줄 필요가 있을까?"

나는 곰곰이 생각하며 조심스럽게 물었다.

'그럴 필요가 있지! 친구들 사이에서 누구는 10,000원을 받고 누구는 안 받고 하면 어떻게 될까?'

까미의 질문을 생각해 보니 답이 뻔했다. 10,000원을 받지 않는 아이들이 10,000원을 받는 아이들을 놀릴지도 모른다. 꼭 그런 못된 녀석들이 있다.

"쳇, 가난하니까 돈을 주는 것 같잖아. 그럼 난 그 돈 안 받을 거야."

'맞아. 그래서 모두에게 기본 소득을 주자는 거야.'

나는 까미를 후딱 안아 올렸다.

"정말 좋은 거 같아! 그런데 이렇게 좋은 걸 바스테트는 왜 반대해?"

까미가 눈꼬리를 아래로 축 늘어뜨렸다.

'사실…… 바스테트가 반대하는 게 아니야. 이건 풍요의 신도 맘대로 할 수 없는 거야. 결국 경제는 사람들의 일이잖아. 사람들이 그렇게 하고 싶다는 마음이 있어야 우리도 들어줄 수 있어.'

까미는 인간이 없으면 신도 없고, 풍요의 신은 그저 인간의 욕망을 실현시켜 주는 것뿐이라고 했다.

"결국 사람들이 기본 소득을 반대해서 못 했다는 거야?"

내가 묻자 까미가 고개를 끄덕였다.

"사람들은 왜 기본 소득을 싫어하지? 나라에서 공짜로 돈을 주면 좋지 않나?"

'공짜는 아니지. 결국은 그게 다 우리 모두의 돈이니까. 세금

을 걷거나, 공용으로 수익을 얻는 자원이 있어야 기본 소득을 줄 큰돈을 마련하겠지.'

까미는 최대한 쉽게 설명하려 애썼지만 나는 이해가 잘되지 않아 고개를 갸웃거렸다.

그때 갑자기 까미가 바닥을 박차고 길가 덤불로 뛰어들었다. 곧이어 덤불 밖으로 생쥐 두 마리가 튀어나오더니 쏜살같이 달아났다. 까미는 뒤에서 하악거리기만 할 뿐 그 녀석들을 쫓진 않았다.

"설마 바스테트가 보낸 거야?"

'흥!'

까미는 기분이 나쁜지 고개를 돌렸다.

"집에는 안 돌아갈 거야? 김 실장 할아버지도 많이 걱정하시는 것 같던데."

'쳇, 내가 그냥 돌아갈 줄 알아? 나도 자존심이 있다고.'

까미의 콧방귀에 나는 픽 웃음이 나왔다. 그러니까 집에는 가고 싶은데, 자존심이 있어서 제 발로 곱게 들어갈 수는 없다는 거다.

"그런데 까미, 너, 돈은 있니? 우리 엄마가 그러는데, 집 나오면 다 돈이라고 하던데. 혹시 돈이 없어서 배 쫄쫄 굶는 건 아니지? 며칠 새 홀쭉해졌잖아."

까미가 정말 어처구니없다는 듯 나를 바라봤다.

'너, 나를 어떻게 보고……. 알다시피 나는……!'

"하하, 내가 부잣집 딸내미 돈 없을까 봐 걱정하고 있었네!"

나는 혼자 깔깔 웃다가 문득 까미를 바라보았다. 그러자 갑자기 한 가지 생각이 떠올랐다. 까미는 바스테트의 고양이, 무려 풍요의 신의 후계자다!

나는 진지한 얼굴로 까미를 보며 물었다.

"까미야, 너도 돈 엄청 많지? 그리고 기본 소득을 실험해 보고 싶어서 가출한 거지?"

'갑자기 웬 질문이야? 그래, 맞아.'

까미가 뒷발로 귀를 벅벅 긁으며 시큰둥하게 대답했다. 하지만 나는 까미의 진심을 알 수 있었다. 풍족하고 편안한 생활을 박차고 가출할 만큼 이건 까미가 꼭 하고 싶은 일이다. 그러니까 나도 돕고 싶었다. 까미도 우주당 운영에 큰 도움을 주었으니까.

"너는 네 생각을 실행할 수 있는 돈이 있잖아? 아, 너희 신들도 우리 인간들처럼 미성년자는 보호자 동의 없이 큰돈을 사용할 수 없나?"

점점 얼굴을 구기는 까미를 보면서 나는 슬며시 말꼬리를 내렸다.

'나, 미성년자 아니야! 내 나이를 들으면 넌 까무러칠걸.'

이렇게 귀여운 고양이가 나이가 엄청 많다는 게 잘 믿기진 않았지만, 지금은 그게 중요한 게 아니었다.

"그러니까 내 말은…… 네가 하고 싶은 걸 해 보라는 거야. 기본 소득 말이야. 모든 국민에게 기본 소득을 주는 건 엄청 큰돈이 들어 힘들겠지만, 가령 우리 동네, 아니다, 우리 학교에서 시범적으로 운영해 보는 건 어떨까?"

내가 조심스럽게 물었다.

'시범 사업으로…… 너희 학교에?'

"응, 일단 우리 학교 학생들한테 매주 기본 소득을 용돈처럼 주는 거지. 소득을 관리하는 법을 배우면 경제 공부도 될 거야.

누가 알아? 이 기본 소득 실험이 성공하면 우리가 어른이 되어 나라 경제에 도입할지. 안 그래?"

내가 싱긋 웃으며 말했다. 까미도 어쩐 일인지 나를 보며 씩 입꼬리를 올렸다.

'히히, 드디어 성공했다.'

"성공……?"

까미 말이 이해되지 않아 고개를 갸우뚱했다. 그러자 까미가 웃으며 사실을 털어놨다. 인간이 원해야만 신이 나설 수 있는 것처럼, 까미도 인간이 기본 소득을 원해야 그 일을 할 수 있었다. 그래서 누군가 간절하게 소원을 빌길 기다렸다는 거다. 까미의 고백을 들어보니 어이가 없었다. 첫 만남부터 지금까지 모두 까미의 계략이었다니.

'풍요의 신의 딸, 나 까미가 네 소원을 들어주마!'

까미가 한껏 거드름을 피우면서 말했다.

"그럼 너 이제 곧 집에 돌아가는 거야?"

'응, 가야지. 귀찮은 생쥐 녀석들 피해 다니는 것도 이젠 지겨워.'

벌써부터 너무 쓸쓸한 마음이 들었다. 문득 바스테트와의 약속이 떠올랐다.

"까미야, 이왕이면 내가 너를 데리고 바스테트에게 가면 어때? 나도 앙크를 돌려줘야 하니까. 너도 제 발로 걸어 들어가기는 민망할 것 같은데, 어쩔 수 없이 나한테 잡혀서 왔다고 하고."

'흠, 앙크와 나를 핑계 삼아 바스테트에게 사례금을 왕창 뜯어내겠다? 뭐, 나쁘지 않네. 좋아. 내가 애초에 바스테트랑 거래를 잘해 보라고 했으니.'

"그럼 사례금으로 우리 학교에 기본 소득을 위한 돈을 마련해달라고 하면 어떨까?"

내 말을 듣고 까미가 잠시 멍하니 나를 보더니 소리쳤다.

'우주, 너는 천재야! 아휴, 바스테트가 얼마나 깜짝 놀랄까. 생각만 해도 신이 나네!'

까미가 통쾌해하며 좋아하는 모습을 보니, 도리어 내가 얼떨떨해졌다. 자기 돈을 아낄 수 있어서 좋다는 걸까? 아니면 기본 소득에 반대하는 바스테트에게 기본 소득을 위한 돈을 내도록 해서 기쁜 걸까?

'당장 바스테트한테 가자. 자, 날 빨리 안아!'

까미가 내 품으로 풀쩍 뛰어올랐다.

백화점 안으로 들어가기 전, 나는 잠시 걸음을 멈추었다. 품에 안긴 까미가 반짝이는 눈으로 나를 올려다보았다.

'왜 그래?'

"우리 영원히 못 만나는 건 아니지?"

'놀러 갈게……. 바빠서 자주는 못 가겠지만.'

울컥 눈물이 나왔다. 우주당에 까미가 놀러 온다고 해도 이제 앙크가 없으니 까미와 이렇게 이야기를 주고받지 못할 거다. 어쩔 수 없이 선택한 일이었지만 무척 아쉬웠다. 나는 까미의 몰캉한 발바닥을 꾹 누르며 말했다.

"안 돼! 자주, 종종. 시도 때도 없이, 많이, 언제든지! 꼭 놀러 와야 돼. 알았지?"

'알았어, 알았어. 여기 나를 아는 고양이가 많아. 창피하게 애 취급하지 마.'

며칠 후 우리 학교는 '어린이 기본 소득 시범 학교'로 지정되었다. 바스테트 백화점에서 어린이들이 기본 소득을 체험하길 바란다는 뜻으로 '기본 소득 기금'을 학교에 기부했다. 어린이가 소비와 복지의 주체가 되길 바란다는 바스테트의 인사말도 있었다.

사회 수업 시간에 기본 소득에 대해 배우고, 바로 실행에 들어갔다. 전교생이 똑같이 매주 월요일마다 3,000원 씩, 한 달에 총 12,000원을 받았다.

기본 소득으로 받는 돈의 이름은 '매점 화폐'다. 매점 화폐는 오직 학교 매점에서만 쓸 수 있는 돈이다. 학교 밖 편의점이나 가게에서는 매점 화폐를 쓸 수 없다.

기본 소득 실험이 시작되자, 아이들이 경제에 대한 관심이 부쩍 늘었다. 소득, 지출, 투자 같은 경제 용어도 아주 자연스럽게 입에 올리곤 했다. 이게 다 까미 덕분인 것 같아 기분이 좋았다. 나는 고양이 그림이 그려진 매점 화폐 카드를 한참 동안이나 바라다보았다.

매점에서 나는 핫도그를 사고 윤서는 큰 우유를 샀다. 둘이서 함께 나눠 먹는데, 지호가 장난감 코너에서 어슬렁대는 게 보였다. 요즘 유행하는 쌩쌩 팽이를 사려는 것 같았다.

"뭐야? 팽이 따위 관심 없다더니, 돈 생기자마자 바로 사네."

윤서가 지호 쪽을 슬쩍 보며 말했다.

"쌩쌩 팽이는 3,500원인데?"

"기본 소득에 자기 용돈 보태서 사겠지."

지호가 쌩쌩 팽이를 들고 기분 좋게 매점 밖을 나갔다. 아마도 교실에서는 쌩쌩 팽이 대결이 한창일 것이다.

"아, 3,000원 너무 적다. 10,000원씩 주면 안 되나? 그럼 여기 있는 거 다 살 수 있을 텐데."

"다른 학교는 100원도 안 준다는 거. 알지?"

내 말에 윤서가 헤헤 웃었다.

"우주야, 얼마 남았어? 나 공책 사야 하는데 돈이 모자라네."

"그럼 간식이 아니라 공책부터 샀어야지."

나는 핫도그를 사고 남은 500원을 윤서에게 주었다.

"땡큐, 다음 주에 갚을게."

"갚을 필요 없어. 그냥 너 써. 그동안 너도 나 많이 사 줬잖아."

나도 윤서에게 무언가 줄 수 있어 기뻤다.

"우아, 진짜? 고마워!"

나는 사실 윤서가 항상 학용품보다 간식이나 장난감을 먼저 사는 게 못마땅했다. 하지만 사람마다 합리적 선택은 다를 테니까. 이런 생각을 하는 것 보니 나도 이제 좀 경제를 아는 사람이 되었나 보다.

김 실장의 보고서

기본 소득

바스테트 사장님과는 다른 방식이지만, 까미 아가씨도 풍요로운 세상을 위해 애쓰고 계십니다. 까미 아가씨의 야심 찬 기본 소득 실험에 대해 보고 드리겠습니다.

◆ 기본 소득이란?

만약 마을에서 석유가 나온다면, 석유를 팔아 얻은 부는 누가 가져야 할까요? 맞습니다, 마을 주민들이지요. 마을의 석유는 '모두의 것'이므로, 석유로 얻은 수익금은 그 사회 구성원 모두가 공평하게 나누어야 합니다.

이처럼 처음부터 원래 있었던 것(땅, 석유, 물 등), 여러 사람이 오랫동안 함께 만든 것(지식, 데이터, 인공 지능 등), 누구의 것인지 판단할 수 없는 것(인터넷, 법, 제도 등)은 '모두의 것'입니다. 자본주의 사회에서 각자 노력해 얻은 것은 개인이 갖지만, '모두의 것'에서 나온 부는 모두가 공평하게 나눠 갖자는 것이 기본 소득의 의미랍니다. 그러므로 기본 소득은 재산의 많고 적음이나 일을 하는지 안 하는지 등과 관계없이 모든 사회 구성원에게 주지요.

기본 소득의 원칙

- 무조건성 : 의무나 조건을 따지지 않고 지급
- 보편성 : 그 사회의 모든 구성원에게 지급
- 개별성 : 가구 단위가 아닌 개인에게 지급
- 정기성 : 일회성이 아닌 지속적으로 지급
- 현금성 : 물건이 아닌 현금이나 현금처럼 쓸 수 있는 것으로 지급

다른 나라들은?

미국

미국 알래스카주는 1년 이상 거주하는 모든 주민에게 기본 소득을 줍니다. 석유를 팔아 번 돈으로 '알래스카 영구 기금'을 만들어 1982년부터 매년 한 번씩 약 100~200만 원을 기본 소득으로 지급합니다.

핀란드

2017~2018년 핀란드에서 실업자를 두 팀으로 나누어 한쪽에는 아무 조건 없이 기본 소득으로 다른 한쪽에는 취업을 위해 노력한다는 조건을 걸고 매달 약 75만 원씩 똑같이 주었습니다. 두 팀 모두 일한 시간은 비슷했지만, 기본 소득을 받은 사람들의 행복도가 더 높았습니다.

스위스

2016년 스위스에서 매달 성인에겐 약 300만 원, 미성년자에겐 약 78만 원씩 기본 소득을 지급한다는 안건으로 국민 투표를 실시했습니다. 그 결과 찬성 23퍼센트, 반대 77퍼센트로 기본 소득을 지급하지 않기로 결정했습니다.

김실장의 보고서

기본 소득 찬성 의견

모두에게 최소한의 삶의 질이 보장돼.

가난을 증명하지 않아도 복지 혜택을 받을 수 있다는 게 좋아. 게다가 내가 필요한 곳에 직접 돈을 쓸 수 있으니 맞춤형 복지가 되지!

경제에 도움이 될 거야.

현재 우리 사회는 점점 경제 성장이 줄고 있어. 게다가 AI 기술로 대체되어 없어지는 일자리도 많을 거야. 그런데 기본 소득이 있으면 사람들이 경제 활동을 계속 활발하게 할 수 있어.

가정이 행복해져.

가족 중에서 돈을 벌어 오는 사람은 정해져 있어. 돈을 벌지 않는 사람도 집안일 등으로 기여하지만, 돈 벌어 오는 사람이 큰소리칠 가능성이 크지. 그런데 누구나 기본 소득을 받는다면 가족 관계가 좀 더 평등해질 수 있을 거야. 가장들도 돈을 벌어야 한다는 압박에서 벗어나 좀 더 여유로워질 거고.

기본 소득 반대 의견

그렇게 큰돈이 어딨어?
현실성이 없는 정책이야. 모든 마을에서 석유가 펑펑 나오는 건 아니잖아. 결국 세금으로 기본 소득을 위한 기금을 만들어야 하는데, 세금이 많이 오를 거야. 그리고 거둬들인 세금이 쓰여야 할 곳은 기본 소득 말고도 많아.

형편이 어려운 사람에게 몰아주자.
같은 돈이라면 모든 사람에게 똑같이 나눠 주는 것보다 어려운 사람들에게 집중적으로 지원을 해 주는 게 사회에 더 도움 되지 않겠어?

아무도 일을 안 할 거야.
많은 사람이 기본 소득만 바라보고 게으름뱅이가 될지도 몰라. 선거 때 표를 받으려고 하는 포퓰리즘 공약(대중의 인기를 얻기 위해 내세우는 공약)이야!

오늘은 까미가 나를 만나러 오지 않을까 싶어 우주당 앞에서 기다렸다. 까미는 바스테트에게 돌아가고 난 후로 통 소식이 없었다. 나는 늘 학교를 오갈 때나 학원을 다닐 때 까미가 자주 앉아 있던 담장 위를 눈으로 샅샅이 훑어보는데…….

"종종 보러 올 거라더니, 쳇! 거짓말쟁이 같으니라고!"

툴툴거리며 집으로 걸어가는데, 뒤에서 '야옹' 소리가 들렸다. 검은 고양이 까미였다! 나는 너무 기뻐서 달려가 냉큼 까미를 안아 들었다.

"까미야, 얼마나 보고 싶었는데!"

나는 까미 머리에 내 얼굴을 대고 마구 흔들었다.

"야옹, 이야옹!"

앙크가 없어서 까미의 말을 알아들을 수 없었다. 하지만 무슨 뜻인지 충분히 이해할 수 있었다.

"아, 알았어. 귀찮게 굴지 않을게."

그래도 까미를 쓰다듬는 손을 멈출 수가 없었다. 나는 그동안 있었던 이런저런 이야기를 했다. 까미 이야기도 듣고 싶었지만, 앙크가 없는 지금은 내가 주로 말할 수밖에 없다.

"우주당은 걱정 마, 바스테트의 상담과 네 조언 덕분에 잘 벌고, 잘 쓰고, 잘 투자하고 있어!"

"니야오옹!"

"기본 소득 제도를 체험해 보니 뭐가 가장 좋냐고? 글쎄, 일단 요즘 학교 가는 게 정말 좋아. 특히 월요일이 막 기다려져. 3,000원은 얼마 안 되는 돈이지만, 부담 없이 친구들과 함께 매점 갈 돈은 되니까. 비싼 건 엄마가 주는 용돈을 보태서 살 수 있고. 아, 또 있다. 친구들 마음이 너그러워졌어. 역시 곳간에서 인심 난다는 말이 진짜인가 봐. 서로 간식을 사 주기도 하고, 잘 나눠 주기도 해."

나는 늘 챙겨 다니던 고양이 간식 캔을 꺼냈다.

"지난번에 그 짠돌이 지호 녀석이 나한테 뭐라고 한 줄 알아? 내가 너 주려고 간식을 고를 때였는데, '그거 꼭 필요한 거야? 내가 사 줄까?' 그러는 거 있지?"

까미가 웃는 듯 '피익' 콧김을 내쉬더니 간식을 먹었다.

"우주당에 들렀다 갈래? 신선한 소고기가 들어왔거든."

까미가 고개를 들더니 건너편 길가를 빤히 쳐다보았다. 그러더니 "야옹!" 인사를 하고 곧 담장 뒤편으로 뛰어 내려갔다.

"까미야, 어디가? 너, 설마 또 집 나온 거 아니지?"

어느새 까미는 완전히 사라져 보이지 않았다. 잠시 후 길 건너편에서 지호가 내게 손을 흔들며 다가왔다.

"최우주, 여기서 뭐 하냐? 학원 땡땡이 친 거야?"

"그런 거 아니거든!"

가뜩이나 까미가 가 버려 기분도 안 좋은데, 지호가 얄밉게 굴었다. 맞서서 톡 쏘아붙이려다가, 큰맘 먹고 봐주기로 했다. 지호는 절대 상상도 못 할 일을 난 겪었으니까, 말하는 고양이를 만나 우주당을 경영할 든든한 경제 지식을 얻었으니까!

작가의 말

경제는
우리의 일상이에요!

"나는 왜 부자가 아닐까?" 얼마 전 아주 진지하게 스스로 질문해 보았답니다. 저는 부모님이 가난해서 그렇다고 말할 수 없어요. 어른이 되어 부모님을 탓하는 건 너무 부끄러운 일이니까요. 하지만 곰곰 생각해 보면 부모님 영향이 없다고 할 수 없어요. 왜냐면 믿을 수 없게도, 어렸을 때 저는 돈에 관심 두는 건 좋은 태도가 아니라고 배웠거든요.

돈을 아끼면 구두쇠, 수전노, 노랑이 같은 말로 놀림당하고, 돈을 펑펑 쓰면 사치스럽다, 낭비벽이 있다는 말을 들었어요. 그래서 제가 할 수 있는 일은 그냥 돈이나 경제 문제에 관심을 뚝 끊는 거였지요. 지금 생각해 보면 참 바보 같은 짓이었어요. 어른이 되어 '먹고사는 문제'인 생계를 스스로 해결해야 하니, 뒤늦게 반성하게 됐어요. 어릴 때 경제에 대해 진지하게 배워 뒀더라면 얼마나 좋았을까요?

매일 사용하는 돈이, 우리가 사는 자본주의 경제가 어떻게 움직이는지 안다면 미래를 더 잘 계획할 수 있을 거예요. 세상은 점점 더 빠르게 변해요. 새로운 돈이 생겨나고 새로운 방식으로 경제가 돌아가죠. 그러니 지금부터라도 관심을 가지고 주의 깊게 생각해 보려 해요.

어린이 여러분도 여러분을 둘러싼 세상, 경제에 관심을 기울이길 바랍니다. 그러다 보면 정보가 모이고 지식이 쌓여 세상을 보는 눈이 달라질 거예요. 신비한 지식 백화점에서 그런 정보와 지식을 많이 얻었길 바라요. 앞으로 모두가 더욱 풍요로워지는 세상을 바라며 이 글을 씁니다.

김일옥

신비한 지식 백화점 −경제−

초판 1쇄 인쇄 2023년 4월 10일
초판 1쇄 발행 2023년 4월 17일

글 김일옥 **그림** 달상 **감수** 지식나무교사모임
펴낸이 이범상
펴낸곳 (주)비전비엔피 · 그린애플

기획 편집 이경원 차재호 김승희 김연희 고연경 박성아 최유진 박다정 김태은 박승연
디자인 최원영 한우리 이설
마케팅 이성호 이병준
전자책 김성화 김희정
관리 이다정

주소 우) 04034 서울특별시 마포구 잔다리로7길 12 (서교동)
전화 02) 338-2411 | **팩스** 02) 338-2413
홈페이지 www.visionbp.co.kr
인스타그램 https://www.instagram.com/greenapple_vision
포스트 post.naver.com/visioncorea
이메일 gapple@visionbp.co.kr

등록번호 제2021-000029호

ISBN 979-11-92527-28-4 74300
　　　　979-11-92527-27-7 (세트)

· 값은 뒤표지에 있습니다.
· 잘못된 책은 구입하신 서점에서 바꿔드립니다.
· KC마크는 이 제품이 공통안전기준에 적합하였음을 의미합니다.